錢穆先生全集

錢穆先生全集

［新校本］

周公

九州出版社

圖書在版編目（CIP）數據

周公 / 錢穆著. -- 北京：九州出版社，2011.6（2023.11 重印）
（錢穆先生全集）
ISBN 978-7-5108-0967-5

Ⅰ. ①周… Ⅱ. ①錢… Ⅲ. ①周公-人物研究 Ⅳ. ① K827=24

中國版本圖書館 CIP 數據核字（2011）第 083665 號

周公

作　　者　錢　穆　著
責任編輯　劉瑞蛟　劉小曼
出版發行　九州出版社
裝幀設計　陸智昌　張萬興
地　　址　北京市西城區阜外大街甲 35 號
郵　　編　100037
發行電話　（010）68992190/3/5/6
網　　址　www.jiuzhoupress.com
印　　刷　三河市東方印刷有限公司
開　　本　635 毫米 × 970 毫米　16 開
插頁印張　0.5
印　　張　7.5
字　　數　85 千字
版　　次　2011 年 7 月第 1 版
印　　次　2023 年 11 月第 3 次印刷
書　　號　ISBN 978-7-5108-0967-5
定　　價　40.00 元

素書樓

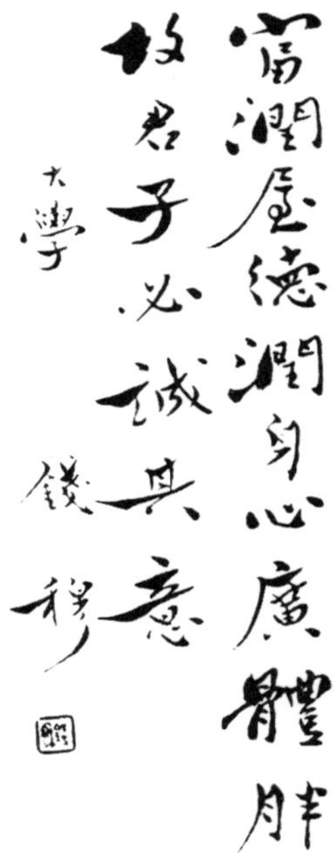
富潤屋德潤身心廣體胖
故君子必誠其意
大學
錢穆

錢穆先生書法

新校本說明

錢穆先生全集，在臺灣經由錢賓四先生全集編輯委員會整理編輯而成，臺灣聯經出版事業公司一九九八年以「錢賓四先生全集」為題出版。作為海峽兩岸出版交流中心籌劃引進的重要項目，這次出版，對原版本進行了重排新校，訂正文中體例、格式、標號、文字等方面存在的疏誤。至於錢穆先生全集的內容以及錢賓四先生全集編輯委員會的注解說明等，新校本保留原貌。

九州出版社

出版說明

民國十五年錢賓四先生在無錫第三師範任教時，自習日文，偶見日人林泰輔所著周公與其時代一書，考述周公及其時代之相關史實；以為其所辨訂雖時有未臻完密之處，然要當為研究周公之一專門著作；遂於課餘之暇，摘譯之而成本書。

林著原分三編：第一編為周公之事蹟，第二編為周公之學術及思想，第三編為周公與周官儀禮周易爻辭之比較。先生以為其第一編對周公之事蹟排比明備，尤為學人所需，因為摘譯成本書之前三章：即第一章周公之家系及性行，第二章周公之活動時代，第三章周公之晚年。又摘譯原書第二編，成為本書最後第四章周公學術思想之概觀。

本書於民國二十年一月由上海商務印書館出版，收入商務國學小叢書。至一九六七*年七月，臺北商務印書館據原版影印，為臺一版，改收該館人人文庫之中。

*新校本編者注：原文為「民國」紀年。

今編全集，乃以原版爲底本，對原書之版式略作改良。其引文與正文改用不同字體，標點符號則移入行中，使版面較爲清晰，以便讀者。整理排校工作，雖力求慎重，然錯誤疏漏之處，在所難免，敬希讀者不吝指正。

本書之整理，由蕭公彥先生負責。

錢賓四先生全集編輯委員會　謹識

目次

弁言……一
第一章　周公之家系及性行……一
第一節　周公之家系……一
第二節　周公之性行……八
第二章　周公之活動時代……一一
第一節　周公相武王……一一
第二節　周公之攝位……二〇
第三節　周公之東征……二五

第四節　定刑書封諸侯……五三
第五節　洛邑之營建……六一
第六節　禮樂之制作……六九
第三章　周公之晚年……八三
第一節　周公之歸政……八三
第二節　周公之考終……八七
第四章　周公學術思想之概觀……九三
第一節　周公時代之詩文及學風……九三
第二節　周公之學問及其著作……九五

弁言

中國之有孔子，其影響之大且深，夫人而知之。然孔子之學術思想，亦本於中國固有之民族性，構成於歷史的自然之發展，決非無因而致者。孔子晚年，有「久矣！不復夢見周公」之歎，則其壯年以來之於周公，其思慕之忱爲何如？孟子云「周公、仲尼之道」，後世亦每以周、孔並稱，非無故也。

抑周公當周室草創之初，輔佐武王、成王成就大業，雖非身承王統，以視孔子之栖栖遑遑，席不暇暖，遭時不利，終身於窮廬者，其隱顯通塞之間，固已殊矣。孔子之於周公，既夢寐不忘，其間豈無精神脈絡相通之點！然自其時代觀之，兩聖之相去五百餘年，文運之昇降，政治之盛衰，人情風俗之變遷推移，有不可同日而語矣。故以孔子以後之思想，用以說明周公，必有所不可通者。欲究周公之眞相，不可不根柢於周初之材料，乃可以考其境遇，繹其學術，而求其思想。若以後世紛紛附會之說，悉以歸之周公，雖或可以描出一理想的人物，然亦必不得爲周公之眞也。

意殷末周初，實產出春秋、戰國時代之文化的淵源之涵養期也。決非枯澹寂寞，而鬱勃有興國之氣象焉。周公者，又其時代思想之最好的代表人也。苟能於周公其人，博考詳察，則於探中國古代文化之淵源，與夫孔子學術之由來，皆思過半矣。

近人或謂中國歷史，自春秋、戰國以後，始有可考；其前之文化，率不過後人之假托；此又速斷之論也。觀於春秋、戰國之時，繁文縟禮，已臻其極。終而爲紛亂之世，戰鬥攻伐，惟日不足，而學術文采，照耀百世。諸子競出，不可勝數。是豈突然而起者！其必有所淵源於數百年之前矣。殷末周初，實涵育其淵源之時也。苟明社會進化之以漸不以驟，則其理亦非難見。（以上節譯林氏原序大意）

日人林泰輔著周公與其時代一書，將關於周公及其時代之材料散見各書者，爲之掇拾，求其一貫之事實。以詩、書爲主，參以其他古籍，以考周公之行事，又繹其學術思想；更取周官、儀禮及周易爻辭，古來所稱周公之著作者，一一詳爲比論，以辨其果出周公與否。書分三編：第一編爲周公之事蹟，第二編爲周公之學術及思想，第三編爲周公與周官儀禮周易爻辭之比較。雖其辨訂時有未臻完密之嫌，未可遽爲定論，亦專門的研究周公之一巨著也。其第一編周公事蹟，排比明備，尤爲學人所需。課徒之暇，因爲摘譯，以付梓人。間有異同之見，不復羼及。至於譯筆之疏，草促之譏，所不敢辭也。

第一章　周公之家系及性行

第一節　周公之家系

周公爲千古偉人，雖甚著明，顧其事蹟之詳細，已不能知，僅有斷片的記載，散見各書，爲之收拾，差可窺其概略而已。而其間異同眞僞，混淆錯雜，殊難捕捉其眞相。惟雖係傳說，眞僞未審，亦多屬於常識之事，於古代偉人通弊奇蹟、異行之類甚少；蓋以周公爲人，本不好奇炫異故也。其後中庸圓滿之孔子，爲之思慕不已，非偶然也。

周公名旦，文王之子，武王之弟，以采邑在周，稱周公。譙周古史考云：「以太王所居周地爲其采邑，故謂周公。」史記魯世家索隱亦云：

周，地名，在岐山之陽，本太王所居，後以為周公之采邑，故曰周公。即今之扶風雍東北故周城也。

其地在今陝西省岐山縣。謚文公，國語周語有周文公之頌，韋昭注：「文公，周公旦之謚也。」當時賜謚之制，尚未普行，周公之謚，蓋特表優遇之意也。

周公父文王有聖德，當別詳，此不述。母太姒即文王之正妃，詩大雅大明所謂：「有命自天，命此文王。于周于京，纘女維莘。長子維行，篤生武王。」是莘國之長女也。鄒忠胤（詩傳闡卷十九）本「纘女維莘」之語，以太姒爲文王繼妃。魏源詩古微（卷十三）以之通於白虎通之魯詩說，謂：

> 人君及宗子，父母沒，自定娶者，卑不主尊，賤不主貴，故自定之也。昏禮經曰：「親皆歿，己聘命之。」（嫁娶）

牟庭本大雅思齊詩：「思齊太任，文王之母。思媚周姜，京室之婦。太姒嗣徽音，則百斯男。」謂文王之元妃曰周姜，周姜無子，太姒繼之。（周公年表）雖未能斷其信否，亦可以備一說。

莘者，大明上文云：「文王初載，天作之合。在洽之陽，在渭之涘。」讀史方輿紀要陝西同州郃陽縣下論之云：

洽，水名也。故詩曰：「在洽之陽。」其後流絶，故去水加邑。莘城在縣南二十里，古莘國。武王母太姒為莘國女。詩曰：「纘女維莘」，是矣。（卷五十四）

是也。

母之性質，影響及其子者甚大，古今不乏其例。今考太姒爲人，如周南葛覃、卷耳、螽斯諸詩，舊說皆詠太姒：葛覃有勤儉孝敬之德；卷耳太姒慰勞使臣之室家，有憐下教貞之意；（見韓詩）螽斯見其不妒忌。列女傳又述太姒之德云：

太姒者，武王之母，禹后有莘姒氏之女。仁而明道，文王嘉之，親迎于渭，造舟為梁。及入，太姒思媚太姜、太任，旦夕勤勞，以進婦道。太姒號曰文母。文王理陽道而治外，文母理陰道而治內（中略）太姒教誨十子，自少及長，未嘗見邪辟之事。（卷一）

雖屬後世之言，亦可得其大要。

周公兄弟甚多，思齊之詩云：「太姒嗣徽音，則百斯男。」固屬誇大之言，正妃太姒所生同母兄弟凡有十人如左：

一、伯邑考

二、武王發

三、管叔鮮

四、周公旦—伯禽

五、蔡叔度

六、毛叔鄭

七、成叔武（武，列女傳、白虎通作處。）

八、霍叔處（處，列女傳、白虎通作武。）

九、康叔封

十、冉季載（冉，列女傳、古今人表作聃，白虎通作南。）

伯邑考者，禮記檀弓云：「文王舍伯邑考而立武王。」尚書中候亦云：「文王廢伯邑考，立發爲太子。」（初學記卷十）崔述云：「管叔乃周公之兄，不稱仲而稱叔，亦似武王有伯兄者。」（豐鎬考信錄卷二）據此，檀弓、中候之言近信。伯邑考雖長子，終廢不得嗣位。史記云：

> 同母昆弟十人，唯發、旦賢，左右輔文王。故文王舍伯邑考而以發為太子。（管蔡世家）

蓋得其事。逸周書世俘解述武王滅殷格於廟，「自太王、太伯、王季、虞公、文王、邑考以列升，維告殷罪」，則伯邑考乃早世者。帝王世紀：「紂烹伯邑考爲羹，以賜文王。」蓋出後世附會。

史記以管叔爲兄，周公爲弟。列女傳（母儀）、白虎通（姓名）以周公爲兄，管叔爲弟。金縢孔傳亦同。陳立白虎通疏證，引後漢書樊儵傳、張衡傳、魏志毋丘儉傳，及鄧析子、傅子等諸書，見古來以管叔爲弟者亦不少。惟孟子「周公弟也，管叔兄也」，（公孫丑下）同於史記，今從之。成叔、霍叔之名，史記與列女傳、白虎通互錯。他書所記，率同史記。冉季載之聃又作南，皆同音通用，非異說也。春秋隱公九年：「天王使南季來聘。」南季蓋其後裔矣。

更考之左傳富辰之言：「管、蔡、郕、霍、魯、衛、毛、聃、郜、雍、曹、滕、畢、原、酆、郇，文之昭也。」（僖二十四年）竹添光鴻春秋左氏會箋云：「管、蔡、郕、霍、魯、衛、毛、聃，當是武王之母弟八人也。下八國是庶子。」其排列雖不依序，前八人爲同母弟，後八人爲庶子，蓋可有之。又衛祝鮀言：

> 武王之母弟八人，周公為太宰，康叔為司寇，聃季為司空。五叔無官，豈尚年哉？曹，文之昭也。晉，武之穆也。曹為伯甸，非尚年也。（定四年）

杜注五叔：「管叔鮮、蔡叔度、成叔武、霍叔處、毛叔聃也。」又解「曹，文之昭也」，謂：「文王子，與周公異母。」

今按：毛叔聃即毛叔鄭。左傳上云五叔無官，下別提曹，曹叔乃異母弟可知。而毛叔鄭又見於逸周書克殷解，史記周本紀從之，漢書古今人表不舉其名，殆即見於毛公鼎銘之毛公厝，輔成王竭力內外之事，頗著勞績。「鄭」，鐘鼎文作「奠」，不从邑，而「奠」與「尊」爲同字，鐘鼎文尊彝之「尊」率作「隩」，毛叔名蓋非「鄭」而爲「尊」。「厝」不見於說文，恐即玉篇广部之「厝」字，音闇，又音盦，與陰（亮陰之陰）同，「厝」「尊」音韵相通也。杜預加毛叔聃於五叔之中，雖不誤，而謂毛叔名聃者，亦由「聃」「厝」音近故也。

由是觀之，曹叔非武王之母弟，不得充八人之數。史記、列女傳、白虎通諸書載曹叔振鐸於蔡叔之次，尚史諸臣傳易之以毛叔鄭（尊），其見卓矣。今從之。康叔於同母弟中爲最賢，周公特鍾愛之。康誥：「已，汝惟小子，未其有若汝封之心。朕心朕德惟乃知。」左傳：「太姒之子，唯周公、康叔爲相睦也。」（定六年）皆可證。

周公同母兄弟既如右述，至異母兄弟則不甚詳。左傳「郜、雍、曹、滕、畢、原、酆、郇，文之昭也」，其最著者爲畢公，次則曹叔、滕叔。

史記魏世家：「畢公高與周同姓。武王之伐紂，而高封於畢，於是爲畢姓。」漢書古今人表，畢公文王子，馬融左傳注謂文王庶子，皇王大紀：「封庶叔高於畢，留相周。」（卷十二）叔振鐸封曹，見史記管蔡世家，其非武王同母弟，前既述之，是亦文王庶子也。漢書古今人表，滕叔繡、原公、郜子、雍子、酆侯、郇侯，皆文王子，而原公、郜子以下，其名不詳。左傳：「滕侯、薛侯爭長。滕侯曰：『我，周之卜正也。』」（隱十一年）則滕叔爲周之卜正。要之，富辰之言，隨口臚列，不必次第其先後，則其長幼之序不可知矣。

又召公奭亦有爲文王庶子之說。白虎通：「召公，文王子也。」（王者不臣）陳立論之曰：

> 穀梁莊三十二年：「燕，周之分子也。」注：「分子，謂周之別子孫也。」詩疏引皇甫謐說，以為文王庶子。王充論衡氣壽篇，以召公為周公之兄。史記燕世家，以召公與周同姓。詩疏引譙周古史考，又以為周之支族。案此自用穀梁說。惠棟古義云：「分子猶別子。禮大傳云：『別子為祖。』注云：『別子為公子。』然則繼體者為世子，別于世子者為別子。則召公其文王長庶歟？」（疏證卷七）

惟左傳富辰之言不舉燕，史記亦僅謂與周同姓，其果文王之庶子與否，今不能詳，姑俟後考。

周公之夫人爲任氏。左傳宗人釁夏曰：「周公娶於薛。」（哀二十四年）薛，任姓之國也。其性行無所考。元子伯禽封於魯。禮記曾子問：

> 子夏問曰：「三年之喪，卒哭，金革之事無辟也者，禮與？」（中略）孔子曰：「吾聞諸老聃曰：『昔者，魯公伯禽有為為之也。』」

鄭注：「有徐戎作難，喪卒哭而征之，急王事也。」孔疏：「成王即位之時，周公猶在，則此云伯禽卒哭者，爲母喪也。」果如其說，伯禽之母，即周公之夫人任氏，歿於成王即位之初矣。

周公之子，伯禽外，得封者六人。左傳：「凡、蔣、邢、茅、胙、祭，周公之胤也。」（僖二十四年）又：「爲邢、凡、蔣、茅、胙、祭，臨於周公之廟。」（襄十二年）其事實今不詳。通志氏族略：「蔣氏，周公之第三子伯齡所封之國也。」（卷二）既有元子伯禽，其第三子又稱伯齡，頗可疑，今不取。又「禮記坊記鄭注：「君陳，蓋周公之子，伯禽弟也。」」亦無確證。

第二節　周公之性行

武王、周公，於兄弟中最爲傑出，周公天稟異常人，史記：「自文王在時，旦爲子孝，篤仁，異於羣子。」（魯周公世家）其少時，既嶄然露頭角可知。淮南子：

周公事文王也，行無專制，事無由己，身若不勝衣，言若不出古。有奉持於文王洞洞屬屬，如將不能，如恐失之，可謂能子矣。（氾論訓）

此言周公之孝也。同書又云：「周公慚乎景，故君子慎其獨也。」（繆稱訓）荀子書引孔子之言：「周公其盛乎！身貴而愈恭，家富而愈儉，勝敵而愈戒。」（儒效）亦言其謹慎。荀子乃謂是殆非周公之行，非孔子之言。其爲孔子之言與否，固不可知，然不可謂必非周公之行也。論語亦云：「如有周公之才之美，使驕且吝，其餘不足觀也已！」（泰伯）則其材力之優秀而又謹慎可知。呂氏春秋引周公之言：

> 不如吾者，（畢沅云：「舊本作吾不如者，今從意林改正。」）吾不與處，累我者也。與我齊者，吾不與處，無益我者也。惟賢者必與賢於己者處。（觀世）

可見其進修求益之心之切矣。孟子曰：

> 周公思兼三王，以施四事。其有不合者，仰而思之，夜以繼日。幸而得之，坐以待旦。（離婁下）

則周公不獨恃其才，其勵精刻苦，亦非常人所能及也。當周公自乞以身代武王之死，其册祝之辭，以告於大王、王季、文王者，謂「予仁若考，能多材多藝，能事鬼神」，雖有所爲而言，亦足與史記、論語所述相發明，知所載之非誣飾矣。

周公之才德卓越尋常如此者，固爲出於天稟，亦其父母之訓育得宜，有以發達長養其稟性，無疑也。列女傳：

太姒教誨十子，自少及長，未嘗見邪辟之事。及其長，文王繼而教之，卒成武王、周公之德。（卷一）

其言蓋似自後世推測而記者。

周公之容貌風采，已無寫眞肖像可據，又古記錄正確者少，難於詳知。荀子非相篇：「文王長，周公短。」又云：「周公之狀，身如斷菑。」（楊注：「爾雅云：『木立死曰椔，與菑同。』」）白虎通聖人篇謂聖人皆有異表，列舉伏羲、黃帝以下諸聖人，而曰：「周公背僂，是謂強俊，成就周道，輔於幼主。」（疏證云：「強俊當爲強後，與下『主』韻叶。」）說文僂字下云：「周公韤僂，或言背僂。」（段注：「韤者足衣韤。僂者，由足背高隆然，如背之僂也。未聞出何書。」）論衡骨相篇亦有「周公背僂」之言，則其說廣行於漢代也。陳立謂荀子「如斷菑」，亦宜與背僂義同。（白虎通疏證卷七）或斷菑乃形容背僂之狀。要之其爲風采之不甚揚可知。此等傳說，果爲得周公之眞相否，殊難斷言。或爲周末及漢代之俗說，然亦不能謂之必無，因約略述之如此。

第二章　周公之活動時代

第一節　周公相武王

周公歷事武王、成王二朝。其在武王時，年不甚長，事業亦不詳。史記魯周公世家：「及武王即位，旦常輔翼武王，用事居多。」周本紀：

武王即位，太公望為師，周公旦為輔，召公、畢公之徒，左右王師，修文王緒業。

則周公當武王即位之初，即與太公望共爲輔相，當國家經營之任也。

文王以斷虞、芮之訟之年受命稱王改元年，七年而崩，武王繼之，不別改元。武王之九年，即文王受命之九年，七年以後，武王在喪中，故本紀不載九年以前之事。尚書大傳、史記諸書，最得當時情實。（今本史記本紀云十年而崩，武成孔疏引作七年，十蓋七之誤。）漢書律歷志，用劉歆三統術，謂文王受命九年而崩，恐誤。先儒或疑文王受命改元之說，以後世普通之事實上測古代，殊不足取。又逸周書柔武解「維王元祀」，大開武解「維王一祀」，小開武解「維王二祀」，寶曲解、酆謀解「維王三祀」，載武王、周公問答，似武王即位或有改元之事。然如文傳解明云「文王之授命之九年」，武儆解云「十有二祀」，大匡解、文政解云「十有三祀」，是當時實有兩種之記載，一祀、二祀、三祀，即武王之九年、十年、十一年也。

武王既終喪，奉文王遺志而滅殷。史記魯世家：「武王九年，東伐至盟津，周公輔行。」此所謂武王觀兵之役，周公參謀議於帷幕之中也。其出也，爲文王木王，載之車中，自稱太子發，示非出於私欲，後見機會未至，遂還師，是當有周公之意見參其間，事屬密切，不得而詳之矣。其後隔一年，十一年一月，再興東伐之師，終達其目的。漢書律歷志云：

周書武成篇：「惟一月壬辰，旁死霸，若翌日癸巳，武王乃朝步自周，于征伐紂。序曰：『一月戊午，師度于孟津。』至庚申，二月朔日也。四日癸亥，至牧壄，夜陳，甲子昧爽而合矣。故外傳曰：『王以二月癸亥夜陳。』武成篇曰：『粵若來三月，既死霸，粵五日甲子，咸劉商王紂。』」（逸周書世俘解粗同。）

是自一月至三月，而戰局告終也。律歷志繫其事於十三年，然多方云：「天惟五年須暇之子孫。」自受命七年至十一年，數之恰合，今從十一年之說。

魯世家更敍周公佐武王事云：

十一年伐紂，至牧野。周公佐武王，作牧誓。破殷，入商宮。已殺紂，周公把大鉞，召公把小鉞，以夾武王，釁社，告紂之罪于天，及殷民。釋箕子之囚。封紂子武庚祿父，使管叔、蔡叔傅之，以續殷祀。徧封功臣同姓戚者。

孟子亦云：「周公相武王誅紂。」（滕文公下）「周公把大鉞」云云，則本之逸周書克殷解也。云「封武庚，使管叔、蔡叔傅之」者，孟子：「陳賈曰：『周公使管叔監殷，管叔以殷畔也，有諸？』孟子曰：『然。』」（公孫丑下）是明出周公之計畫也。

其時管叔、蔡叔外，又有使霍叔傅之之說，逸周書云：

武王克殷，乃立王子祿父，俾守商祀。建管叔于東，建蔡叔、霍叔于殷，俾監殷臣。（作雒解）

漢書云：

邶以封紂子武庚。鄘，管叔尹之。衛，蔡叔尹之。謂之三監。（地理志）

帝王世紀云：

自殷都以東為衛，管叔監之。殷都以西為鄘，蔡叔監之。殷都以北為邶，霍叔監之。是為三監。（史記周本紀正義）

三說雖異，大意粗同。（王制：「天子使其大夫爲三監，監於方伯之國，國三人。」孔疏引崔氏云：「此謂殷之方伯，皆有三人以輔之，佐其伯，謂監所領之諸侯也。」是則置三監或殷制。）故陳啟源論之曰：

殷既三分，三叔當分治之。漢志既言管、蔡監衛、鄘，則霍叔監邶，不言可知。又與武庚同國，故略而弗著，非謂武庚亦一監也。史記正義引帝王世紀，以為管叔監衛，蔡叔監鄘，霍叔監邶。此言管、蔡所監，雖與漢志異，而言霍之監邶，足補漢志之未及也。（中略）蓋二叔監之於外，以戢其羽翼。霍叔監之於內，以定其腹心。當日制殷方略，想應如此。（毛詩稽古篇邶鄘衛）

蓋三監乃殷之輔相，非邶、鄘、衛之君，如春秋時鄭莊公克許，使許叔居東偏，公孫獲居西偏也。詩地理徵（邶）、詩古徵（卷三）說皆同。惟崔述謂：「霍叔見僞古文尚書，左傳、史記皆僅言管、蔡而不及霍叔，帝王世紀本僞尚書，乃無稽之說。」（豐鎬考信錄卷四）孫詒讓謂：「武庚、管叔、蔡叔乃三監之正，霍叔特相武庚而爲副。」（周書斠補卷二）是皆未免考證之疏也。

滅殷後又封諸侯，周本紀云：

> 武王追思先聖王，乃褒封神農之後於焦，黃帝之後於祝，帝堯之後於薊，帝舜之後於陳，大禹之後於杞。

禮記樂記、呂氏春秋、韓詩外傳諸書，皆有相類之記載。其封功臣同姓戚者，周本紀又述其事云：

> 於是封功臣謀士，而師尚父為首封，封尚父於營丘曰齊，封弟周公旦於曲阜曰魯，封召公奭於燕，封弟叔鮮於管，弟叔度於蔡，餘各以次受封。

周公之封魯，又見於呂氏春秋（長見），史記魯世家、管蔡世家等篇所載皆同。惟詩魯頌閟宮云：

王曰：「叔父，建爾元子，俾侯于魯。大啟爾宇，為周室輔。」乃命魯公，俾侯于東，錫之山川，土田。

又左傳云：

子魚曰：「昔武王克商，成王定之，選建明德，以藩屏周。故周公相王室以尹天下，於周為睦。分魯公以大路大旂，（中略）因商、奄之民，命以伯禽，而封於少皡之虛。」（定四年）

漢書云：

周興，以少昊之虛曲阜，封周公子伯禽為魯侯，以為周公主。（地理志）

據此，則封魯者爲伯禽，非周公也。故周公不稱魯侯，爲畿內之諸侯食采地於周，故稱周公，已詳前述。

召公奭亦與同例，史記燕召公世家注引古史考曰：「周之支族，食邑於召，謂之召公。」而索隱則云：

召者，畿內采地。奭始食於召，故曰召公。或說者以為文王受命，取岐周故墟周、召地，分爵二公，故詩有周、召二南，言皆在岐山之陽，故言南也。後武王封之北燕，在今幽州薊縣故城是也。亦以元子就封，而次子留周室代為召公。

其所本雖不詳，蓋爲事實也。

然則周公、召公皆畿內諸侯，魯地爲東征時之奄國，伯禽之封當在其後。而召公之封燕則又後焉。左氏會箋云：

蓋周初之制，親戚功臣之受祿，內外皆有之。周、召、畢、郇在畿內者也。齊、衛、曹、滕在畿外者也。不以內外分輕重也。周公既受祿於周矣，何事又封於魯？至成王之世，周公內輔政事，外定商、奄，制禮樂，靖四方。成王以為周公功大，無以為報，故別封伯禽於魯，而使其次子襲畿內之封。其後於召公遂亦援以為例，而別封於燕耳。周衰，王室東遷，內諸侯漸微，而外諸侯之勢盛。由是後人不復知周公之先已受采於周，而但疑周、召之受封，不當在蔡、衛、曹、滕之後，遂以為武王之世，齊、魯同時而封，誤矣。（定四年）

此說極明瞭。

功臣同姓戚者之封，周本紀所舉齊及管、蔡外，見於管蔡世家者，有振叔鐸封曹，叔武封成，叔處封霍，皆所謂以次受封也。其他則不詳。左傳：「昔武王克商，光有天下，其兄弟之國者十有五人，姬姓之國者四十人，皆舉親也。」（昭二十八年）荀子謂：「周公兼制天下，立七十一國，姬姓獨居五十三人。」（儒效）是蓋出於周公之計畫，而併數以後之封爵，不皆行於武王之世也。

武王既封諸侯，徵九牧之君登汾阜（殷郊也），望商邑而永歎，還至東周，終夜憂勞不寢，告周公曰：

嗚呼！旦，惟天不享于殷，發之未生，至于今六十年，夷羊在牧，飛鴻滿野，天自幽不享于殷，乃今有成。維天建殷，厥徵天民名三百六十夫，弗顧，亦不賓戚，用戾于今。嗚呼！予憂茲難，近飽于卹。辰是不室，我未定天保，何寢能欲？（逸周書度邑解。朱右曾云：「欲，安也。」）

此武王自述其爲未定天保而憂勞也。於是武王乃有傳位周公之意。逸周書述之曰：

王曰：「（中略）日夜勞來，定我于西土。我維顯服，及德之方明。（暗指周公。）」叔旦泣涕于常

（與裳通），悲不能對。王□□傳于後。王曰：「旦，汝維朕達弟，予有使汝，汝播食不遑暇食，矧其有乃室！今維天使予。惟二神（王季、文王）授朕靈期，（靈與零同，謂徂落之期也。）予未致于休，予近懷于朕室。汝維幼子（指周公）大有知。昔皇祖（后稷）底于今，勗厥遺得。顯義告期，付于朕身。肆若農服田饑以望穫。予有不顯，朕卑皇祖不得高位于上帝。汝幼子庚厥心，庶乃來班朕大環，茲于有虞意。乃懷厥妻子，德不可追于上，民亦不可荅于下，朕不賓（列也）在高祖，維天不嘉，于降來省（通眚），汝其可瘳于茲。乃今我兄弟相後，我筮龜其何所即，今用建庶建。」（朱右曾云：「不傳子而傳弟，故曰庶建。」）叔旦恐，泣涕共手。（度邑解）王下闕字，朱右曾謂當是「欲旦」二字（校釋），孫詒讓謂疑闕「命旦」二字（周書斠補卷二），陳逢衡謂當是「其敬」二字（補注卷十一），今不可定。要之，王謂兄弟相後，欲傳位周公則無疑也。

史記周本紀據逸周書載武王徵九牧之君，望商邑，曰定天保、依天室云，而不載欲傳位周公事，蓋所不取。然深察當時情事，周承殷代兄弟相及之後，成王幼弱，周室安危，繫於周公之一身，武王欲相傳位，亦當然之事。以周公不之從，乃更屬小子誦（成王）於周公也，事見逸周書武儆解。

武王自克殷後二年，即十三年，罹於疾，周公以天下未寧，不可一日無武王，告於太王、王季、文王，祈以身代。武王疾有瘳。然史記封禪書謂：「武王克殷二年，天下未寧而崩。」是武王即崩於是年也。淮南子：「武王立三年而崩。」（要略）周本紀謂：「武王有瘳，後而崩。」其說蓋同。逸周書

（明堂）、竹書紀年等，則謂六年而崩。管子：「武王伐殷，克之，七年而崩。」（小問）逸周書作雒解「武王克殷，（中略）既歸，乃歲十二月崩鎬。」孔晁注：「乃謂乃後之歲也。」

今案：乃者氒（即厥）之誤，乃歲即厥歲也。其說過早，與金縢不合，特言十二月，足爲他書補闕。合之淮南子、封禪書，武王蓋以克殷後二年即十三年十二月崩。

武王自受命九年至十三年凡五年，周公輔之滅殷興周，開王業之基，百世經綸猶未大定而武王崩。於是周公之責任愈大，雖不嗣立，然實處與嗣立同樣之地位；而周公絕世之才德，遂愈益發揚其光輝焉。

第二節　周公之攝位

武王既崩，周公專相成王，當時周公之地位何如乎？古來辨說紛紛，不可不求一明白之解決。則請自成王之身考察之。

成王幼弱，厥爲普通之說，然亦不無多少之異同：

一、謂其漠然在襁褓之中，如史記周公世家「成王少，在強葆之中，周公恐」云云是也。

二、謂其年六歲，賈誼新書「周成王年六歲，即位享國」（修政語下）是也。

三、謂其年十歲，鄭玄「武王崩時，成王年十歲」（尚書金縢疏）是也。

四、謂其年十三歲，王肅孔傳：「武王崩，成王年十三。」公羊疏引古尚書說云：「武王崩時，成王年十三。」（隱元年）是也。論衡：「召公戒成王曰：『今王初服厥命，於戲若生子，罔不在厥初生。』生子謂十五。」（率性）此謂成王除喪時年十五，亦同古尚書說。

於右諸說，先儒從違各不同。魏源駁襁褓之說云：

若襁褓負扆之言，則由於誤讀保傅篇之文，以成王為太子時事，謁為即天子位後之事。（詩古微卷十）

而謂古尚書說爲可信。又說：

成王喪畢，年十五而冠矣。故能讀鴟鴞之詩，悟金縢之策，勝爵弁之服，有歸禾之弟。豈有襁保之說，負扆之期哉？（同上卷三）

崔述更有一說，辨成王之非幼弱：

文王世子篇云：「文王九十七而終，武王九十三而終，成王幼不能涖阼。」則是武王年八十餘而始生成王，六十餘而始娶邑姜也。此豈近於情理哉？（中略）凡戴記所載武王、成王之年，皆不足信。況周公之東也，唐叔實往歸禾，則成王之不幼明矣。（豐鎬考信錄卷四）

今考成王即位年齡，周代遺籍，已無確證。惟武王崩於文王之崩後五年，必不有九十三之壽。而漢儒所傳，亦不能悉謂其誣罔。在襁褓之中，固不可信，至十三歲之說，所謂雖不中亦不遠，其未達成年可無疑也。

成王既未達成年，其不能不賴於他人之輔翼可知，此周公攝政之所不獲已也。然葉夢得則謂：

> 蓋武王崩，周公以冢宰攝政，此禮之常。攝者攝其事，非攝其位。世見周公在喪之攝，不知其非以周王幼而攝。

崔述亦云：

> 蓋古者君薨，百官總己以聽於冢宰三年。子張曰：「書曰：『高宗諒陰，三年不言。』何謂也？」孔子曰：「何必高宗，古之人皆然。」然則武王崩時，周公蓋以冢宰攝政。不幸羣叔流

言，周公東辟，遂不得終其攝。及成王崩，召公鑑前之禍，遽奉子釗以朝諸侯，由是此禮遂廢。後之人但聞有周公攝政之事，而不知有冢宰總己之禮，遂誤以成王為幼。又見洛誥之末，有「周公誕保文、武受命，惟七年」之文，遂誤以為攝政之年數耳。（豐鎬考信錄卷四）

諸家是謂周公平時不稱王，臨大事，係天下安危，則權而稱王。故錢塘謂之攝王，並舉其所謂大事之見於古書者云：

公之攝政恆也，攝王非恆也。出政之謂攝政，稱王之謂攝王。王者有大事則攝。平時固攝政之冢宰也，特以子視成王焉，大事攝王。（中略）凡公攝政七年，稱王者三而已，皆係天下之安危，征武庚，命微子，封康叔是也。（溉亭述古錄）

惟大誥之「王若曰」，即解爲成王，尚無不可。至康誥之「王若曰：『孟侯，朕其弟，小子封。』」則非解爲周公，文義上決不可通矣。蓋康叔封王，在成王時，若王爲成王，即不得云其弟也。於是自宋胡宏以下，有以康誥爲武王之書者，全出臆說，無足取。（後章於康誥更有論及。）

然王肅反之曰：「稱成王命，故稱王。」（禮記明堂位疏）後儒從之者，有林之奇（全解）、焦循（補疏）、劉逢祿（書序述聞）、宋翔鳳（略說）、魏源（詩古微卷十）諸家。劉逢祿尤極口掊擊荀子，其言曰：

誣聖亂經，自孫卿始。（中略）後世亂臣賊子，襲是迹而文其姦言，以竊天位。開其端者，孫卿也。孟子之時，未有是說，故辨益、伊尹而不及周公。漢初諸儒，多出孫卿。故言周公之事，大抵以為攝天子位，假王者號。襀襀褘褘，莫知其非，僅拘覷夫文辭，而遂以胎滔天之惡，言顧可不慎哉！（書序述聞）

以王莽之篡漢擬於周公以欺天下，遂謂周公之無其事。是猶據燕相子之之欺王篡國，遂謂堯、舜之不當相讓也。

夫以後世之情理，測古代之事實，以謂其有乖名分，而不知君臣上下之名分，古代不必如後世之截然其不可易也。況周公當王業草創之際，處非常之境，一有蹉跌，不可挽回，將何以自對於先王之靈。故勇往直前，取非常之處置，此眞所謂權道。後世亂臣賊子之將襲跡與否，固非顧慮之所及也。孟子云：「伊尹放太甲于桐，民大悦。太甲賢，又反之。」（盡心上）伊尹之於太甲，爲異姓之卿，尚猶如此。況以周公之懿親，將以完成文、武之緒業，其踐天子之位，豈足深怪哉！

第三節　周公之東征

此皆謂周公攝政，乃冢宰攝政之常例，不爲成王年幼而攝也。然成王既未達成年，不可謂與周公攝政更無關係，舊來之說，未必定誤。

左傳稱：「周公爲太宰。」（定四年）太宰即冢宰，惟其攝政則決非諒闇中普通之攝政。今觀荀子、禮記以下諸書所見率有周公踐天子位之說。

武王崩，成王幼，周公屏成王而及武王以屬天下，惡天下之倍周也。履天子之籍，聽天下之斷，偃然如固有之，而天下不稱貪焉。（中略）成王冠成人，周公歸周反籍焉，明不滅主之義也。周公無天下矣。鄉有天下，今無天下，非擅也。成王鄉無天下，今有天下，非奪也。變埶次序節然也。故以枝代主，而非越也。以弟誅兄，而非暴也。君臣易位，而非不順也。因天下之和，遂文武之業，明枝主之義，抑亦變化矣，天下厭然猶一也。非聖人莫之能為。（荀子儒效）

成王幼不能涖阼，周公相，踐阼而治。（禮記文王世子）

仲尼曰：「周公攝政，踐阼而治。」（同上）

武王崩，成王幼少。周公繼文王之業，履天子之籍，聽天下之政。（淮南氾論）

周公踐天子之位七年。（韓詩外傳卷三，同書卷七云：「履天子之位。」）

周公踐天子之位。（說苑君道）

周公攝天子位七年。（同上尊賢）

以上所舉，荀子之文最爲有力。其「變埶次序節然也。故以枝代主而非越也。君臣易位而非不順也。抑亦變化矣」云云，說明處非常之境，不得不行非常之權也。荀子臣道篇，舉大忠、次忠、下忠、國賊四類，謂以德復（報也）君而化之，大忠也。若周公之於成王也，可謂大忠矣。於周公態度極爲稱揚。又尸子云：「昔者，武王崩，成王少，周公旦踐東宮，履乘石，祀明堂，假爲天子七年。」（藝文類聚卷六）韓子云：「周公旦假爲天子七年，成王壯，授之以政。」（難二）皆謂踐天子之位，非眞爲天子，特假攝其位耳。

據上而論，周公或可有稱王之事。尚書大誥「王若曰」云云，鄭玄曰：「王，周公也，周公居攝，命大事，則權稱王也。」（尚書疏）後儒從之者，有江聲（音疏）王鳴盛（後案）、孫星衍（今古文注疏）、錢塘（述古錄）、陳喬樅（今文尚書經說考）、林兆豐（隸經賸義）、王先謙（孔傳參正）。

周公之地位，既爲太宰而攝政，又復攝位踐天子阼，既如前述，其勢力之赫奕，可無待言。在周公求以完成文、武之緒業，更無一毫之私心，而盛滿難居，人事多不如意，乃有大變之起。

尚書金縢曰：「武王既喪，管叔及其羣弟乃流言於國曰：『公將不利於孺子。』」羣弟者，即指同監殷之蔡叔、霍叔而言也。於是周公會羣臣於閎門而告之曰：「在昔有國，其有大門、宗子、勢臣，茂揚肅德，勤於王國王家。愼選元聖武夫，以進於王，然後哲王以興。至其後嗣，有不衈王國王家之家相，進不順之辭於王，讒賊娼嫉，以不利於其家國。其人既受顯戮，國亦不寧。我不可不監於茲，望藎臣之助予憂。」文見逸周書皇門解，陳逢衡謂當是流言初起曉喻之文。大門、宗子、勢臣，暗指三望，藎臣暗指太公望、散宜生等（逸周書補注卷十二），頗合當時情事。然曉喻殊不見效，流言不止，更聯合而揭叛旗。孟子云：「管叔以殷畔也。」（公孫丑下）左傳云：「管、蔡啟商，惎間王室。」（定四年）是管叔、蔡叔實誘導武庚也。尚書大傳云：

管叔疑周公，而流言于國曰：「公將不利於王。」奄君、蒲姑謂祿父曰：「武王既死矣，成王尚幼矣，周公見疑矣，此百世之一時也。請舉事。」然後祿父及三監叛。（金縢傳）

是奄君亦煽動武庚也。又書序：「武王崩，三監及淮夷叛。」費誓：「淮夷、徐戎並興。」史記魯世家：「管、蔡、武庚等，果率淮夷而反。（中略）淮夷、徐戎，亦並興反。」論衡：「成王之時，四國篡畔，淮夷、徐戎，並爲患害。」（儒增）則淮夷、徐戎亦應之也。此其形勢誠有不可侮者。

今考其叛亂所起之地勢，管、蔡、武庚，皆居邶、鄘、衛，在今黃河以北，河南衛輝府近傍。奄者，毛詩傳箋通釋云：

皇覽：「奄里在魯。」括地志：「兗州曲阜縣奄里，即奄國之地。」又補後漢書郡國志以魯為古奄國。是魯地即奄地也。（卷十六）

淮夷者，費誓尚書後案云：

淮安府淮水，從此入海。即詩所謂淮浦，大約今淮、揚二府近海之地，皆古淮夷。而此經淮夷則在淮北者也。

徐戎者，段玉裁云：

說文邑部：「䣄，邾下邑也，魯東有䣄城。」史記魯世家：「頃公十九年，楚伐我，取徐州。」徐廣曰：「徐州在魯東，今薛縣。」索隱曰：「說文：『䣄，邾之下邑，在魯東。』又郡國志曰：『魯國薛縣，六國時曰徐州。』又紀年云：『梁惠王三十一年，下邳遷於薛，故名曰徐州。』則徐與䣄並音舒。」玉裁謂經言徐戎，謂戎之在䣄者，在魯東切近，擊欜相聞，故曰東郊不闢。

（古文尚書撰異）

逸周書作雒解：「周公立，相天子。三叔及殷東徐、奄及熊盈以略（殺略、劫略之「略」）。」其下謂熊盈族十有七國，熊盈蓋附屬於徐、奄之種族也。然則奄及淮夷、徐戎蓋自魯地涉於東南。當時通聲息者，實跨於黃河之南北焉。

然其目的則不必同一。武庚自有興復殷室之意。至於管叔，則江聲揣度其情曰：

> 管叔生當武王、周公之間，習聞商王舊法兄弟相及。謂武王崩，嗣王幼，次當及己，今已為監于殷，而公居攝，疑公蓄異志而踊遣己，故有是流言爾。（尚書集注音疏金縢第七十）

又陳啟源云：

> 文王之伐密也，管叔諫曰：「其君，天下之明君也，伐之不義。」（見說苑指武）是或一見也。所以後啟商之叛與？（毛詩稽古編附錄）

據此，則管叔或別具一種之見解。奄乃東方強國，既非服於周室，淮夷、徐戎，亦叛服不常，附和雷同而助之，固所然也。

當是時，周公不獨在外有管、蔡、武庚之異論，在內復有召公之不說。故君奭之書，告於召公，謂我兩人不可不協力繼志述事，成就王業。雖本文無召公不說之言，而書序則謂：「召公爲保，周公爲師，相成王爲左右，召公不說，周公作君奭。」古來對此遂有紛紛之說，朱子謂：「召公不悦，只是小序凭地說，裏面卻無此意。」（語類卷七十九）惟召公不說之說，其來甚古，亦未可一概抹煞，然其所以不說者，先儒頗苦無所說明。今考史記燕世家：「成王既幼，周公攝政，當國踐阼。召公疑之，作君奭。」漢書王莽傳云：

> 周公服天子之冕，南面而朝羣臣，發號施令，常稱王命。召公賢人，不知聖人之意，故不說也。

殆爲得其實矣。按君奭篇云：

今在予小子旦，若游大川，予往暨汝奭其濟。小子同未在位，誕無我責。

上「小子旦」與「小子」皆周公自稱之詞，「同未在位」云者，正答召公之疑，謂雖攝政當國踐阼，其心一如未踐阼時也。舊說下小子指成王，與上小子旦別爲一人，文義難通。

以君奭書爲周公攝政初作，除史記燕世家外，又見於列子，云：

武王既終，成王幼弱，周公攝天子之政。邵公不悅，四國流言，居東三年。（楊朱）

其說與史記同。然馬融云：

召公以周公既攝政，致太平，功配文、武，不宜復列在臣位，故不說，以為周公苟貪寵也。（史記燕世家集解）

徐幹中論智行篇，後漢書申屠剛傳注及孔疏，皆謂周公還政時作，恐誤。

蔡傳本程伊川、呂祖謙諸說，改易舊解，謂召公所以不悅者，自以盛滿難居，欲避權位，退老厥邑，周公反復告諭以留之耳。然召公非上聖，於周公之精神，以天下安危任之一身者，或不免有所不察。觀周公之直前勇往，當大難之衝，不能不心疑其自任之太過，及聞周公諄諄剖白之言，乃幡然而悟，此史記所以於略敍君奭文後，有召公乃說之言也。漢書孫寶傳：「周公上聖，召公大賢，尚猶有不相說，著於經典，兩不相損。」即謂此也。

周、召關係既如右述，雖不久即得解決，而至於管、蔡、武庚之變，則非復口舌之所能爲力矣。當是時，周室經營方策，既已確立，正著著進步之際，周公爭之，雖驟遭大變，不以動其心志。故金縢：「周公乃告二公曰：『我之弗辟，我無以告我先王。』」此明白表示其意。史記魯世家述之云：

周公乃告太公望、召公奭曰：「我之所以弗辟而攝行政者，恐天下畔周，無以告我先王太王、王季、文王。三王之憂勞天下久矣，於今而后成。武王蚤終，成王少，將以成周，我所以為之若此。」

此最爲金縢的解。然「弗辟」二字，先儒甚多異論：

一、鄭玄讀「辟」爲「避」云：

避謂避居東都。言我今不避孺子而去，我先王以謙讓為德，我反有欲位之謗。無告於我先王，言愧無辭也。（釋文）

其以辟爲避，雖同史記，而意則異。項安世、朱子（與蔡沈書）、蔡沈、崔述（豐鎬考信錄卷四）等皆從之。此一說也。

二、孔傳依爾雅釋詁云：「辟，法也。」言我無以成周道，告我先王。孔疏之外，朱子語類從之。此又一說也。

三、說文「辟」字注「治也」，引周書「我之弗辟」爲證。故江聲（尚書音疏）、胡承珙（毛詩後箋）、陳奐（毛氏傳疏）之徒皆從之。此亦一說也。

三說者，雖各有所據，而史記之說實爲最當。近時王先謙（尚書孔傳參正）亦同之。其事於後論周公居東更當論及。

周公之決意如右述，乃發大誥曰：

王若曰：「猷，大誥爾多邦，越爾御事。弗弔，天降割於我家，不少延。洪惟我幼沖人，嗣無疆大歷服。弗造哲，迪民康，矧曰其有能格、知天命。」

王即周公之稱。「天降割於我家，不少延」者，其亂即起於武王崩後可知。此處「我幼沖人」及下文「予沖人」，皆成王之辭，而「予惟小子」則又爲周公自稱之辭，似不甚合。然左傳成公十三年晉呂相絶秦書，初稱晉侯爲寡君，復稱寡人、不穀，直爲晉侯之辭，混用兩稱，正復相同。要之，周公、成王共同行使一個之統治權，故不免有混同之辭也。

> 已！予惟小子，若涉淵水，予惟往求朕攸濟。敷賁，敷前人受命，兹不忘大功。予不敢閉于天降威用。

已予小子三句，與君奭「今在予小子旦，若游大川，予往暨汝奭其濟」同意。

> 寧王遺我大寶，紹天明。即命，曰：「有大艱於西土，西土人亦不靜，越兹蠢。」

文中「寧王」、「寧人」、「寧考」諸「寧」字，皆自變古文爲隸書時「文」字之誤釋（其事余别有考），今改爲文王、文人、文考，與周公之言尤爲適當。

> 殷小腆，誕敢紀其敍。天降威，知我國有疵，民不康，曰：「予復。」反鄙我周邦。

知我邦有疵云云，指管、蔡之流言也。

今蠢，今翼日，民獻有十夫，予翼，以于敉寧、武圖功。我有大事、休，朕卜幷吉。肆予告我友邦君，越尹氏、庶士、御事曰：「予得吉卜，予惟以爾庶邦，于伐殷逋播臣。」

寧、武，文、武也。

爾庶邦君，越庶士、御事，罔不反曰：「艱大，民不靜，亦惟在王宮邦君室。越予小子，考翼，不可征，王害不違卜？」

此處「予小子」，乃庶邦之君自稱，與上下文「予惟小子」不同。

肆予沖人，永思艱。曰，嗚呼！允蠢鰥寡，哀哉！予造天役，遺大投艱於朕身。越予沖人，不卬自恤，義爾邦君，越爾多士、尹氏、御事，綏予曰：「無毖于恤，不可不成乃寧考圖功。」已！予惟小子，不敢替上帝命。天休于寧王，興我小邦周，寧王惟卜用，克綏受茲命。今天其相民，矧亦惟卜用。嗚呼！天明畏，弼我丕丕基。

王曰：「爾惟舊人，爾丕克遠省。爾知寧王若勤哉！天閟毖我成功所，予不敢不極卒寧王圖事。肆予大化誘我友邦君。天棐忱辭，其考我民。予曷其不于前寧人圖功攸終！天亦惟用勤毖我民，若有疾。予曷敢不于前寧人攸受休畢！」

王曰：「若昔，朕其逝，朕言艱日思。若考作室，既底法，厥子乃弗肯堂，矧肯構！厥父菑，厥子乃弗肯播，矧肯穫？厥考翼其肯曰：『予有後，弗棄基？』肆予曷敢不越卬敉寧王大命？若兄考，乃有友伐厥子，民養其勸弗救？」

兄考者武王，友者武庚，子則成王也。民養，民家之厮養。

王曰：「嗚呼！肆哉。爾庶邦君，越爾御事。爽邦由哲，亦惟十人，迪知上帝命。越天棐忱，爾時罔敢易法，矧今天降戾于周邦！惟大艱人，誕鄰胥伐于厥室。爾亦不知天命不易。予永念曰：天惟喪殷，若穡夫，予曷敢不終朕畝？天亦惟休于前寧人。予曷其極卜？敢弗于從，率寧人有指疆土？矧今卜并吉！肆朕誕以爾東征，天命不僭，卜陳惟若茲。」

大誥之文如右，其大意在見東征之師之不可已，決之以天命與先王付託之重，有不待於卜者，而卜亦并吉，故乃斷然而爲之也。朱子曰：

大誥一篇不可曉。據周公在當時，外則有武庚、管、蔡之叛，內則有成王之疑，周室方且岌岌然。他作此書，決不是備禮苟且為之，必欲以此聳動天下也。而今大誥大意，不過說周家辛苦做得這基業在此，我後人不可不有以成就之而已。其後又卻專歸在卜上。其意思緩而不切，殊不可曉。（語類卷七十九）

頗似不滿。然其末段專斷於卜，正是當時習慣，不足怪也。

周公自進東征之師，同時使其子伯禽率師伐淮夷、徐戎。書序：「魯侯伯禽宅曲阜，徐、夷並興，東郊不開，作費誓。」史記云：

伯禽即位之後，有管、蔡等反也。淮夷、徐戎，亦並興反。於是伯禽率師伐之于肹，作肹誓。（魯世家）

若伯禽既已封魯，然魯地即奄國，伯禽之封當在是後無疑。費誓有「公曰」者，乃史官之追書也。費，史記作「肹」說文作「粊」，史記索隱云：「尚書作粊誓，按：尚書大傳見作鮮誓，鮮誓即肹誓（中略），粊魯東郊，地名，即魯卿季氏之費邑」。說文之「粊」，蓋「柴」之誤。費在今山東沂州府費縣之西北。」

又命太公特得征伐東方，史記齊太公世家云：

> 及周成王少時，管、蔡作亂，淮夷畔周。乃使召康公命太公曰：「東至海，西至河，南至穆陵，北至無棣，五侯九伯，實得征之。」齊由此得征伐，為大國。

此蓋自齊、費雙方爲牽制之計也。

觀此則周公對於處置變亂之方略，頗著苦心之迹。至其征討時之狀況，史記周本紀云：「周公奉成王命，伐誅武庚、管叔，放蔡叔。」魯世家云：「周公乃奉成王命，興師東伐。作大誥。遂誅管叔，殺武庚，放蔡叔。（中略）寧淮夷。東土二年而畢定。」所言皆甚簡單。逸周書作雒解所記稍詳，其言曰：

> 周公、召公內弭父兄，外撫諸侯。元年夏六月，葬武王於畢。二年又作師旅。臨衞政殷，殷大震潰。降辟三叔，王子祿父北奔，管叔經而卒。乃囚蔡叔于郭凌。凡所征熊盈族十有七國，俘維九邑。俘殷獻民，遷于九畢。（「臨衞」恐「臨衝」之誤。「政」與「征」通。九畢謂畢原畢陌。）

又尚書大傳：「周公攝政，一年救亂，二年克殷，三年踐奄。」（洛誥傳）孟子曰：「伐奄，三年討其君，驅飛廉於海隅而戮之，滅國者五十。」（滕文公下）是故殷既克之後，乃討奄也。孟子之「驅飛廉於海隅」，當在熊盈族之中；其滅國五十，乃幷武王、成王時而言，林春溥滅國五十考已論之。武庚逸周書謂其北奔，史記則謂誅殺。管叔逸周書謂經而卒，史記亦言誅殺，無妨爲同一之事實。蔡叔或言囚，或言放，亦非矛盾。惟霍叔之處分，不見於右舉諸書，僅商子云：「周公旦殺管叔，流霍叔。」（賞刑）一及之耳。陳啟源云：

> 周公誅三監，霍叔罪獨輕者，良以謀叛之事，武庚主之，霍叔與之同處，意雖不欲，勢難立異，非若二叔在外，可以進退惟我也。原設監之意，本使之制殷。但武庚故君之子，又據舊都，臣民所心附。觀其惎閒周室，俾骨肉相讎，易於反掌，為人必多智數。霍叔才非其敵，墮其術中，遂反為所制耳。故周書多士，止數管、蔡、商、奄為四國，破斧詩「四國」，毛亦以為管、蔡、商、奄，皆不及霍。」（毛詩稽古編邶）

觀此，諸書多不載霍叔之理由可知矣。其處分，如商子所言，蓋與蔡叔略同。

周公征討管、蔡、武庚之本末，概略如右。然金縢敍此事甚簡單，僅云：「周公居東二年，則罪人斯得。」鄭玄解上文弗辟爲避，遂謂周公避居東都，以與此居東相牽涉。謂：「居東者，出處東國待罪，以須君之察己。」（毛詩豳七月孔疏）「罪人，周公之屬黨，與知居攝者。周公出，皆奔。今二年，盡爲成王所得。」（毛詩鴟鴞孔疏引金縢注）謂之罪人，史書成王意也。朱子語類從之。蔡傳則云：「居東，居國之東也。鄭氏謂避居東都，未知何據。」不從東都之說。又曰：「二年之後，王始知流言之爲管、蔡。」謂罪人指管、蔡。

朱子曾說明當時周公之心事，其言曰：

> 是時，三叔方流言於國。周公處兄弟骨肉之間，豈應以片言半語，便遽然興師以誅之！聖人氣象大不如此。又成王方疑周公，周公固不應不請而自誅之。若請之於王，王亦未必見從，則當時事勢亦未必然。雖曰聖人之心，公平正大，區區嫌疑自不必避。但舜避堯之子於南河之南，禹避舜之子於陽城，自是合如此。若居堯之宮，逼堯之子，即為簒矣。或又謂成王疑周公，故周公居東。不幸成王終不悟，不知周公又如何處？愚謂周公亦惟盡其忠誠而已矣！（朱子續集卷三答蔡仲默書）

蔡傳亦曰：

> 夫三叔流言，以公將不利於成王。周王豈容遽興兵以誅之邪？且是時王方疑公，公將請王而誅之邪？將自誅之也？請之，固未必從。不請自誅之，亦非所以為周公矣。「我之弗辟，我無以

告我先王」，言我不辟，則於義有所不盡，無以告先王於地下也。公豈自為身計哉？亦盡其忠誠而已矣。

崔述極稱揚之，謂「朱子之論正矣。蔡傳之釋此，文義尤詳盡。復何疑焉！」（豐鎬考信錄卷四）

今就古書一求周公避位說之根據：

一、謂周公居於商、奄。墨子耕柱篇：「周公旦非關叔，辭三公，東處於商、蓋。」（關叔，管叔也。馬瑞辰曰：「奄通作弇，爾雅：『弇，蓋也。』故奄亦或作蓋。商、蓋卽商、奄。」（毛詩傳箋通釋卷十六）即謂居商、奄也。

二、謂周公奔楚。史記魯世家云：

初，成王少時，病。周公乃自揃其蚤沈之河，以祝於神曰：「王少未有識，奸神命者乃旦也。」亦藏其策於府。成王病有瘳。及成王用事，人或譖周公，周公奔楚。

蒙恬傳亦云：

昔周成王初立，未離襁褓，周公旦負王以朝，卒定天下。及成王有病甚殆，公旦自揃其爪以沈於河。（中略）及王能治國，有賊臣言：「周公旦欲為亂久矣，王若不備，必有大事。」王乃大怒。周公旦走而奔於楚。

而論衡謂：「古文家以武王崩，周公居攝，管、蔡流言，王意狐疑周公，周公奔楚。故天雷雨以悟成王。」（感類）則以爲古文家之說。然譙周則謂：「秦既燔書，時人欲言金縢之事，失其本末。」

（魯世家索隱引）俞正燮曰：

左傳昭公七年：「公將如楚，夢襄公祖。梓愼曰：『襄公之適楚也，夢周公祖而行。』」子服惠伯曰：『先君未嘗適楚，故周公祖以道之。襄公適楚矣，而祖以道君。』」然則襄公曾適楚，故祖導昭公，以見周公曾適楚，故祖以導襄公。不應梓愼、子服惠伯、蒙恬三周人說周事，反不如譙周也。（癸巳類稿卷一）

此皆以金縢居東即奔楚也。

三、謂周公巡狩於邊。越絶書云：

周公傅相成王。管叔、蔡叔不知周公，而讒之成王。周公乃辭位，出巡狩於邊。（卷三）

王鳴盛、段玉裁謂此與鄭玄同說，胡承珙謂：「此語與當日情事最合。」（毛詩後箋卷十五）竹書記年雖不言東爲何地，然居東與東征則明分爲二事。

如右所引，周公避位居東，凡有三說。比而觀之，謂居商、奄者，商、奄即流言所起之地。豈周公自避於此，欲以爲鎭攝耶？巡狩於邊與居東，或即同說。惟居楚與居東，自爲別傳，不可合一。然徐文靖云：「據戰國策惠施曰：『昔王季歷葬于楚山之尾。』（魏策上）括地志：『終南山，一名楚山。』周公當是因流言出居，依于王季、武王之墓地。」（竹書統箋卷七）或又謂詩鄘風定之方中，有楚宮、楚室，在河南衛輝府滑縣之東開縣。又春秋隱七年之楚邱，在山東曹州府曹縣之東南，周公之奔楚，或指是等諸地，非南方之楚，亦得謂之居東也。

要之，如右諸說，雖不無多少之根據，然既有異同如此，即不得爲正確不可動之史料。且當王業草創之際，周公亦不得遽去其國。蔣悌生云：

三叔流言，語侵成王、周公，此誠家國重事。周公不即遏絶禍萌，而避嫌疑，退居散地。三叔乘殷民之未靖，挾武庚以叛。設或張皇，則天下安危之寄，寧忍優遊坐視，而託之他人乎？（詩經傳說彙纂卷九）

馬瑞辰云：

夫公當流言四起之時，明知三監之必畔，使徒引嫌避位，舍而去之，則三監得乘虛而入。是直墮其術中而不知，豈周公之智而出此哉？（毛詩傳箋通釋卷十六）

如此之情事，尚有不可掩者。蓋周公懿親大臣，毅然僩然，以一身任天下之責，不辭踐阼攝位，求成文、武之緒業也。若爲區區嫌疑，忽然去位，至二年之久，其間果誰爲執政？且管、蔡、武庚之亂，其後又費二年餘之歲月而後平。周公爲此事退避四五年，則其攝政之時間既甚暫，更無時日得以施爲，安得完成文、武之遺業哉！故知其說之決不可信，寧從居東即東征之說焉。

然自金縢之文字觀之，實有若爲避位居東之意者，劉逢祿云：

史不書東征而曰居東，不斥管、蔡而曰罪人，緣周公之心而為之諱也。（書序述聞）

魏源云：

不曰東征而曰居東，不曰管、蔡、武庚皆誅而曰罪人斯得者，史臣緣周公心所不忍而渾其詞

耳。（書古微卷八）

可謂得其情事。蓋金縢追記於數年之後，當然有多少之斟酌也。

周公既平管、蔡、武庚之亂，成王未知周公之志，故作鴟鴞之詩以遺王。金縢云：「于後，公乃爲詩以貽王，名之曰鴟鴞。王亦未敢誚公。」詩序云：「鴟鴞，周公救亂也。成王未知周公之志，公乃爲詩以遺王，名之曰鴟鴞焉。」其詩曰：

鴟鴞鴟鴞！既取我子，無毀我室。恩斯勤斯，鬻子之閔斯！（毛傳：「鬻子，稚子，成王也。」）
迨天之未陰雨，徹彼桑土，綢繆牖户。今女下民，或敢侮予？
予手拮据，予所捋荼，予所蓄租，予口卒瘏，曰予未有室家！
予羽譙譙，予尾翛翛，予室翹翹，風雨所漂搖，予維音嘵嘵。（豳風）

毛詩傳箋通釋解之云：

詩以子喻管、蔡，以鴟鴞喻武庚，以鴟鴞取子喻武庚之誘管、蔡。（中略）孟子言管叔以殷畔，而詩以鴟鴞取子喻武庚誘管、蔡者，所以末減管、蔡倡亂之罪，而不忍盡其詞，親親之道也。

（卷十六）

此與毛傳所謂「寧亡二子，不可以毀我周室也」意同。而其大意，則程伊川言之云：

公為此詩，告以王業艱難，不忍其毀壞之意，以悟王心。此周公出征救亂之心，作詩之志也。（伊川經說卷三）

然成王對之，其態度何如乎？金縢「王亦未敢誚公」一句，解釋各有異同。鄭玄云：「欲讓之，推其恩信，故未敢。」（詩疏）孔傳則謂：「王猶未悟，故欲讓公而未敢。」又呂祖謙云：「王亦未敢誚公，所謂未敢者，即改悔之根本也。」（東萊書說卷十八）蔡傳云：「是時成王之疑，十已去其四五矣。」是等諸說，皆訓「誚」爲「讓」也。惟鄭玄、孔傳謂成王有所未悟，而呂、蔡之說則謂已開其悔悟之端，此爲少異耳。史記魯世家誚作訓。故索隱云：「尚書作誚。誚，讓也。此作訓，字誤耳，義無所通。」錢大昕曰：「誚从肖，古書或省从小，轉寫譌爲『川』耳。」（廿二史考異卷四）然段玉裁則謂：

玉篇曰：「信，古文作訬。」集韻曰：「信，古作訫。」玉篇之訬，即集韻之訫，皆本說文「[illegible]」字。玉篇从立心，非從大小字也。（中略）史記之「訓」乃「訬」字之誤。蓋今文尚書作「未敢信公」，與古文尚書作「誚公」不同。注史記者皆習焉不察。徐廣云：「訓，一作『誚』。」按作「誚」者，或以尚書改史記也。（古文尚書撰異）

書序述聞從之，今古文注疏亦謂其說或然。據此，則「誚」、「訓」皆自「訬」而誤，訬即信也。則成王依然未敢信周公，與鄭玄、孔傳意粗相近，其說蓋可信。

周公作鴟鴞詩貽成王，未解成王之疑，周公暫爲躊躇而不班師。於是周之大夫，作伐柯、九罭之詩刺之。伐柯之序曰：「伐柯，美周公也。周大夫刺朝廷之不知也。」九罭之序亦同。其詩曰：

> 伐柯如何？匪斧不克。取妻如何？匪媒不得。
> 伐柯伐柯，其則不遠。我覯之子，籩豆有踐。（伐柯）
> 九罭之魚，鱒魴。我覯之子，袞衣繡裳。
> 鴻飛遵渚，公歸無所，於女信處！鴻飛遵陸，公歸不復，於女信宿！
> 是以有袞衣兮！無以我公歸兮！無使我心悲兮！（九罭）

「之子」、「我公」皆指周公。陳啟源說明之云：

伐柯、九罭，皆告王以迎公之道，詞旨略相同。不獨見周公之德，為人所說服。亦見作詩者，惟恐王之不用周公，又恐王之待公未盡其道。憂國之情，好賢之意，纏綿懇惻，具見於詩。（毛詩稽古編函）

蓋爲得其大意。

周公與成王之關係既如右，其情一時未能相疏通。天誘其衷，豁然而解，二年秋風雷之變，實爲其動機。金縢曰：

秋，大熟，未穫。天大雷電以風，禾盡偃，大木斯拔。邦人大恐。王與大夫盡弁，以啟金縢之書，乃得周公所自以為功、代武王之說。

其時因卜天變，而發金縢匱中之書，見周公祈以身代武王之說。周公之爲武王禱，太公、召公二公皆知之，然其如何不爲告，則不知也。故金縢曰：

二公及王，乃問諸史與百執事。對曰：「信。噫！公命，我勿敢言。」

諸史與百執事，皆當時之關係人，羣對曰信，可無疑矣。於是周公貫金石之忠誠，成王爲之大感動，積年疑團，霧消雲散。故金縢曰：

> 王執書以泣，曰：「其勿穆卜。昔公勤勞王家，惟予冲人弗及知。今天動威，以彰周公之德。惟朕小子其新逆，我國家禮亦宜之。」王出郊，天乃雨，反風，禾則盡起。二公命邦人，凡大木所偃，盡起而築之。歲則大熟。

觀其文，成王之悔悟雖明，而文字之解釋如何，於事實上亦可生多少之異同。蓋新逆者，自新其心以逆天意也。出郊者，出郊祭天以謝過也。鄭玄解新逆云：「改先時之心，更新以迎周公於東。」諸家率從之。孔傳解出郊云：「郊以玉幣謝天。」孔疏云：「祭天於南郊，出城至郊，爲壇告天也。」林之奇駁之，解爲郊勞而親逆之。蔡傳以下從其說。然周公居東，非可迎於旦夕也。己酉記疑云：

> 周公居東，去京師必不甚遠，（中略）若以居東即為東征，則武庚所都，去國千餘里，豈有不下班師之詔，又不待風止，即出郊迎公之理。（豐鎬考信錄卷四引）

謂周公滯居京師之近傍，傳記亦無徵。若謂自新以逆天意，郊祭以謝過，則可無疑矣。「我國家禮亦宜之」句，緊接上下，亦無散漫之病。金縢文意既如右述，則「王執書以泣」以下，乃述成王之悔悟，非謂王之親迎周公也。

按史記自風雷而開金縢之書，爲周公沒後事。尚書大傳（周傳）、漢書（梅福傳、杜鄴傳、儒林傳）後漢書（周舉傳、張奐傳）、公羊傳何休注、白虎通（喪服）、論衡（感類）等（古文尚書撰異皆引其文）皆有之，相傳謂是今文家說。然金縢本文，決不能如此解釋。故段玉裁云：「今文之說，最爲荒謬。史記記事，前云既克商二年，云武王既喪，云居東二年，何等分明。豈有爲詩詒王之後、秋大熟之前，間隔若干年、若干大事，不書周公薨，而突書其薨後之事？令人讀罷不知其巔末者。」（古文尚書撰異）洵適當之論也。至孫星衍（尚書今古文注疏）王先謙（尚書孔傳參正）等，以「秋大熟」以下爲亳姑之佚文，爲之分割。雖非不可通，然終不如前說之穩當，故今不取。

當是時，唐叔（成王母弟）偶得嘉禾，獻之成王，成王使歸於周公。書序云：「唐叔得禾，異畝同穎，獻諸天子。王命唐叔歸周公于東，作歸禾。」史記周本紀云：「歸周公於兵所。」即歸於東征之營中也。周公受之，陳天子之命，作嘉禾之篇。其書既亡佚不可考，然漢書王莽傳引書逸嘉禾篇曰：「周公奉鬯，立於阼階，延登，贊曰：『假王莅政，勤和天下。』」即繼之曰：「此周公攝政，贊者所稱。」亦可以窺當時情事之一斑矣。

周公與成王之間，既無一毫之滯礙，周公乃東征三年而班師，勞歸士。大夫美之，作東山之詩。其詩曰：

我徂東山，慆慆不歸。我來自東，零雨其濛。
我東曰歸，我心西悲。制彼裳衣，勿士行枚。
蜎蜎者蠋，烝在桑野。敦彼獨宿，亦在車下。
我徂東山，慆慆不歸。我來自東，零雨其濛。
果蠃之實，亦施于宇。伊威在室，蠨蛸在戶。
町畽鹿場，熠燿宵行。不可畏也，伊可懷也。
我徂東山，慆慆不歸。我來自東，零雨其濛。
鸛鳴于垤，婦歎于室。洒埽穹窒，我征聿至。
有敦瓜苦，烝在栗薪。自我不見，于今三年。
我徂東山，慆慆不歸。我來自東，零雨其濛。
倉庚于飛，熠燿其羽。之子于歸，皇駁其馬。
親結其縭，九十其儀。其新孔嘉，其舊如之何？

序說明之曰：

一章言其完也。二章言其思也。三章言其家室之望女也。四章樂男女之得及時也。君子之於人，序其情而閔其勞，所以說也。說以使民，民忘其死，其惟東山乎！

可見其上下之間，情意交孚，和合親密之概矣。

東山詩云「于今三年」，而金縢云「居東二年」，若有不合；然金縢「秋大熟」之秋，爲二年之秋，而東山「果臝之實，亦施于宇」、「熠燿宵行」、「有敦瓜苦」、「倉庚于飛」皆夏時之景，則周公率師凱旋，殆爲三年之夏也。

周公當內外多難之際，能不失其常度，周之大夫作狼跋之詩以稱之。其序曰：「狼跋，美周公也。周公攝政，遠則四國流言，近則王不知。周大夫美其不失其聖也。」其詩曰：

狼跋其胡，載疐其尾。公孫碩膚，赤舃几几！

狼疐其尾，載跋其胡。公孫碩膚，德音不瑕！

公孫碩膚者，朱傳：「公，周公也。孫，讓。碩，大。膚，美也。公自讓其大美而不居耳。」其臨大難而不懼，處大變而不憂，斷大事而不疑，進退從容，無往不宜之概，可以想見。嗚呼！此周公之所以爲聖歟！

第四節　定刑書封諸侯

周公既平武庚、管、蔡之亂，其善後之處置，爲定刑書與封諸侯。定刑書者，逸周書嘗麥解云：「維四年孟夏，王初祈禱于宗廟，乃嘗麥于大祖。是月，王命大正正刑書。」又云：「太史筴（筴，舉也。）刑書九篇以升授大正。」大正者，大司寇也。左傳：「魯太史克對曰：『先君周公制周禮。』」（文十八年）又曰：「在九刑而不忘。」晉叔向亦云：「周有亂政，而作九刑。」（昭六年）亂政者，即指三年之亂言也。蓋周公有所大戒，乃作刑書。其書已亡逸不可考，然其爲後來邦典之基礎，則可知也。

封諸侯者，史記云：「分殷餘民爲二。其一，封微子啓於宋，以續殷祀。其一，封康叔爲衛君。」（管蔡世家）書序云：「武王既黜殷命，殺武庚，命微子啓代殷後。作微子之命。」爲史記之所本。宋之改封，所以去殷之根據地而殺其勢力，可無待言。又伯禽封於魯，亦其時事。凡此諸國皆分屬殷之遺民焉。左傳云：

> 周公相王室，以尹天下，於周為睦。分魯公以大路大旂，夏后氏之璜，封父之繁弱，殷民六族，條氏、徐氏、蕭氏、索氏、長勺氏、尾勺氏，使帥其宗氏，輯其分族，將其類醜，以法則

> 周公，用即命于周。是以使之職事於魯，以昭周公之明德。分之土田陪敦，祝宗卜史，備物典策，官司彝器，因商、奄之民，命以伯禽（命書之篇名）。而封於少皞之虚。（定四年）

此文條氏、徐氏以下，皆殷之豪族也。使之率其宗子族長，輯合其旁族別門，將其遠派疏屬，法則周公，受命於周之王庭，遂從於魯公伯禽而就國，以明周公之德。其實則使殷之豪族服從於周耳。且下文有「因商、奄之民」云云，奄即魯地，伯禽之所治，蓋率商與奄之民也。

左傳又述封康叔於衛之事曰：

> 分康叔以大路、少帛、綪茷、旃旌、大呂，殷民七族，陶氏、施氏、繁氏、錡氏、樊氏、饑氏、終葵氏。封畛土略，自武父以南，及圃田之北竟，取於有閻之土以共王職。取於相土之東都，以會王之東蒐。聃季授土，陶叔授民，命以康誥，而封於殷虚。皆啟以商政，疆以周索。（定四年）

陶氏、施氏以下，亦殷之豪族也。使率其宗氏而從之，蓋同於魯。書序：「成王既伐管叔、蔡叔，以殷餘民封康叔。作康誥、酒誥、梓材。」史記云：「周公旦以武庚殷餘民，封康叔爲衛君，居河、淇間故商墟。」（衛世家）皆述同樣之事。惟言其封境，則漢書地理志云：「周既滅殷，分其畿內爲三國。

詩風邶、鄘、衛國是也。（中略）謂之三監。故書序曰：『武王崩，三監畔。』周公誅之，盡以其地封弟康叔，號曰孟侯，以夾輔周室。遷邶、庸之民于雒邑。」爲有異說。故陳啟源論之云：

> 謂康叔初封即兼有邶、鄘、衛，此漢書地理記之說，而服虔從之者也。謂康叔止有衛，子孫幷彼二國，此鄭氏詩譜之說，而孔氏正義述之者也。孔謂殷畿千里，衛盡有之，是反過於周公，大非制，故以鄭譜為長；似矣。然殷自帝甲以後，國勢寖弱，大抵如東周之世。畿封之廣，必非武丁宅殷之舊。又重以帝辛之暴，土荒民散，境壤益削，即如黎為畿內國，周得戡之。至紂滅時，豈猶是邦畿千里乎？又三亳皆商之故都，而去朝歌稍遠。商未亡時，所謂邦畿千里者，定應併數之，如東西周通畿之制。武王立三監，固未嘗以與之也。西亳偃師，在孟津之南。武王觀兵於孟津，又大會諸侯於此，然後北行伐紂，則偃師已非商有。南亳穀孰及北亳蒙，即宋地也。武王克殷，初下車，即以封微子，亦不在三監域內。況殷之畿內諸侯，非大無道者，不應概從誅滅，改建他侯。則三監所統，不過近郊遠郊，及邦畿以內地耳。康叔兼而有之，安得方千里乎？且非直此也。（中略）封康叔時，民得留者多在衛。其邶、鄘兩國，已成曠土。縱欲建他侯，勢亦不能，因併以畀康叔耳。（中略）左傳定四年曰：「自武父以南及圃田之北境。」武父不可考。桓十二年，與鄭伯盟于武父，是鄭地，非此武父。圃田，則豫州之澤藪也。後為鄭有。鄭在衛西南，圃田之北，當與鄘接壤。而康叔初封以此為境。（毛詩稽古編邶鄘衛）

其說蓋爲近是。然逸周書作雒解又有「俾康叔宇於殷，俾中旄父宇於東」之說，孫詒讓以中旄父爲康叔之子庸伯，論其情事更悉。其言曰：

史記衛世家云：「康叔卒，子康伯代立。」不箸其名，杜氏春秋釋例世族譜及史記索隱引世本，並云「名髦」。宋忠謂即左昭十二年傳之王孫牟。司馬貞亦謂牟、髦聲相近。今案旄與髦為同聲叚借字。中旄父亦即王孫牟也。蓋周公以武庚故地封康叔，實盡得三衛全境。以其地閎廣難治，故依其舊壤，仍區殷、東為二，以其子弟別治之。如晉文侯弟成師別治曲沃，東周惠公子班別治鞏為西周君之比。是中旄宇東，雖專治其邑，而仍屬於其父，則與三監分屬微異。逮康叔卒，康伯嗣立，而東遂不復置君。（中略）是三衛，始則三監鼎峙，中則殷、東雖分二宇，而實統於一屬，終乃夷東為邑而與殷幷合為一。其事可推跡而得也。（中略）鄭君詩譜謂「以殷餘民封康叔於衛，使為之長。後世子孫稍幷彼二國。」不知康叔初封時，已以子弟治二國，不待後世始兼併也。（中略）依班說，則邶、衛為舊殷，而庸在其東。中旄所治者，即庸也。（中略）蓋中旄別封於庸，因以為稱，猶康叔初封康，亦即以為稱。康伯即庸伯也。庸康形相近，古多通用。史籍譌捝，遂幷康叔、康伯為一。實則康叔之「康」，當讀如字，而康伯之「康」，自當作「庸」。二字本異。後人不察，謂其父子不嫌同稱，遂不能析別。（中略）今以周書、世本、漢志諸文，參互校覈，知康叔初封，固已奄有三衛。而中旄父為康伯，實即庸伯，蓋別治庸以屬衛。如是，則周公經理舊殷之政略，及三衛先後分合之情事，皆顯較可得其蹤跡。（周書斠補卷二）

據此，則武庚叛後邶、鄘、衛三地處分之狀況，瞭如指掌，且可正史記康伯之誤。

意周公之封康叔於殷墟，爲其尤所用意之事。康誥：「王若曰：『孟侯，朕其弟，小子封。』」云云，乃周公代王爲告，既詳前論。而曰：「往敷求于殷先哲王，用保乂民。汝丕遠惟商耇成人，宅心知訓。」又曰：「應保殷民。」又曰：「師茲殷罰有倫。」又曰：「罰蔽殷彝。」又曰：「我時其惟殷先哲王德，用康乂民作求。」凡此云云，即左傳所謂「啓以商政」，教之因其舊俗而爲開導也。康誥大意，在法文王之明德慎罰，務在以德行罰，終至於不用罰而用德。然遇不得已亦有不憚重罰者。又於酒誥諄諄反覆，陳湎酒喪德之害，務在一洗殷末淫靡游惰之陋俗焉。康叔之責任，亦實重大矣。

至論康叔受封之時，除前舉左傳（定四年）、書序、漢書外，左傳僖公三十一年亦言及之，曰：

衛成公夢康叔曰：「相奪予享。」公命祀相。寧武子不可，曰：「鬼神非其族類，不歆其祀。相之不享，於此久矣。不可以間成王、周公之命祀。」

則其在成王朝，毫無可疑。然康誥「王若曰」之王字，實爲周公。若以謂成王，則其弟字便不通，宋胡宏、吳棫等因謂是武王之書，朱子、蔡沈以下多從之，均誤。

總上所述，周公定宋、魯、衞之封爵，分割殷之豪族，使屬於三國，皆所以制叛亂於未然也。與封衞康叔同時，復封季載於聃。史記管蔡世家云：

封康叔為衞君，是為衞康叔。封季載於冉。冉季、康叔皆有馴行。於是周公舉康叔為周司寇，冉季為周司空，以佐成王治，皆有令名於天下。（冉與聃通）

聃即那處，今湖北安陸府荆門州也。觀此，似康叔、冉季兩人封侯在前，爲周室之司寇、司空在後。然左傳「封康叔，冉季授土」，則如季載已行司空之職矣。史記衞世家云：

康叔之國，既以此命，能和集其民，民大說。成王長，用事，舉康叔為周司寇。

康誥蔡傳云：

篇中言「往敷求」、「往盡乃心」，篇終曰「往哉封」，皆令其之國之辭，而未見其留王朝之意。

觀康誥之文，見康叔之深於刑法，司寇尤所適任。然以當時鎮撫殷民，爲最先之急務，故使康叔暫就衛之封國。百事粗粗就緒之後，乃入周室爲司寇。聃乃南方之國，可不必就封，故季載蓋自初即留於王朝也。

左傳既述封魯、衛之次，又云：

分唐叔以大路、密須之鼓、闕鞏、沽洗，懷姓九宗，職官五正。命以唐誥，而封於夏墟。（定四年）

懷姓九宗，或謂亦殷之豪族。唐叔者，武王之子，成王之母弟也。史記晉世家謂：「成王立，唐有亂，周公誅滅唐。於是遂封叔虞於唐。」觀此，則其封在魯、衛後，其分殷豪族，亦非同時之事也。且晉叔向云：「昔吾先君唐叔射兕於徒林，殪，以爲大甲，以封于晉。」（晉語八）而呂氏春秋、韓詩外傳、史記、說苑諸書，均謂成王削桐葉爲珪與唐叔戲，周公曰天子無戲言，遂封之。其說蓋非是，柳宗元嘗辨之，盡人所知，今不錄。

左傳又述封蔡仲於蔡，云：

王於是乎殺管叔而蔡蔡叔，以車七乘、徒七十人。其子蔡仲改行帥德。周公舉之以為己卿士，見諸王，而命之以蔡。其命書云：「王曰：『胡，無若爾考之違王命也。』」（定四年）

史記亦云：

蔡叔度既遷而死。其子曰胡。胡乃改行，率德馴善。周公聞之，而舉胡以為魯卿士，魯國治。於是周公言於成王，復封胡於蔡，以奉蔡叔之祀，是為蔡仲。（管蔡世家）

則或又在封唐叔之後也。

其他同姓異姓之諸侯分封於各地者尚多，雖非一時行之，然其大體之方針既定，使同姓異姓交錯互制。若封太公於齊，則更封伯禽於魯；封微子於宋，同時封康叔於衛，皆是也。其用意之周到可見矣。又立政有夷、微、盧、烝、三亳、阪尹，蔡傳云：

此王官之監於諸侯四夷者也。（中略）古者險危之地，封疆之守，或不以封而使王官治之，參錯於五服之間，是之謂尹。地志載王官所治非一，此特舉其重者耳。

書序述聞亦曰：

> 曰三亳、阪尹者，鄭云：「三亳湯舊都之民服文王者，分為三邑，其長居險，故曰阪尹。」（中略）經意蓋以前代舊都，亦不以封諸侯。阪則九州之險。王制所謂「名山大澤，不以封諸侯」者，皆立尹以統之。漢制郡國雜治本此。（中略）此乃周公相成王時所定制。鄭以為文王時，涉下文而誤也。

是亦制馭諸侯之一法矣。

第五節　洛邑之營建

先是成王以東方既定，親巡狩奄地。書序云：「成王東伐淮夷，遂踐奄，作成王政。」儀禮士相見禮注：「踐訓行。」崔述（豐鎬考信錄卷四，按原本崔述作魏源，蓋字誤。）、馬國翰（目耕帖卷十一）等謂「成王踐奄，蓋行巡狩之事也。」所謂極適當之說明。周公既分屬殷之豪族於宋、魯而使治之，同時更遷殷之餘民於洛邑。於是成王自奄歸，至於宗周，大告庶邦，多方之篇是也。開首即云：「周公曰：

「王若曰。』」明周公傳王命也。曰：「猷，告爾四國多方，惟爾殷侯尹民」及「猷，告爾有方多士，暨殷多士。」雖廣告四方，不獨殷民，而以殷民爲主。故述夏、殷之所以興亡，明周之代殷之不可已，或加以勸勉，或繼以威嚇，開其爲善，而禁其爲惡。其用意可謂至矣。文中又云：「今爾奔走臣我監五祀。」則其殷諭，乃周公攝政五年之事。殷民雖既與之以田業，而尚未服周德，此大營建洛邑之所以不可以已也。

按尚書編次，多方在多士之後。其實多方當在前，江聲（音疏）、王鳴盛（後案）、崔述（豐鎬考信錄卷四）、魏源（書古微卷十）、莊述祖（書序述聞）諸家之說均同，今從之。

營建洛邑，本出武王之志，史記云：

武王徵九牧之君，登豳之阜，以望商邑。武王至于周（成周），自夜不寐。周公旦即王所曰：「曷為不寐」？王曰：「告女：維天不饗殷，自發未生，於今六十年，麋鹿在牧，蜚鴻滿野。天不享殷，乃今有成。維天建殷，其登名民三百六十夫，不顯亦不賓，滅以至今。我未定天保，何暇寐」。王曰：「定天保，依天室，悉求夫惡，貶從殷王受。日夜勞來我西土。我維顯服，及德方明。自洛汭延於伊汭，居易毋固，其有夏之居。我南望三塗，北望嶽鄙，顧詹有河，粵詹雒、伊，毋遠天室。」營周居于雒邑而後去。

實引逸周書度邑解第一節之文。豳逸周書作汾。梁玉繩云：

汾近朝歌，即郡國志潁川襄城縣之汾丘。若在栒邑之豳，何從登其阜以望商邑乎？（史記志疑卷三）

殆得其實。崔述云：

後世之人，聞周公之宅洛，而不得其故，揣度之而以為武王之所命耳。而商邑、豳阜相距千餘里，亦非能望見者。（豐鎬考信錄卷三）

妄駁史記，轉失之矣。視察洛邑之形勢，而設東都焉，以武王之聰明，豈必思不及此耶？然自周公、召公四國征討之事既畢，乃圖營洛，蓋有二因。一則鎬京居於西偏，四方入貢，道里不均，而洛邑則中央之地，極適於諸侯之朝覲會同也。二則殷之遺民，雖使分處，尚未心服，故營建東都，以大爲鎮壓，亦焦眉之急務也。

於是使召公先至洛相地，卜之得吉兆。因定城郭宮廟朝市之位。周公亦繼至視察。召誥云：

惟太保先周公相宅，越若來三月，惟丙午朏，越三日戊申，太保朝至于洛，卜宅。厥既得卜，則經營。越三日庚戌，太保乃以庶殷攻位於洛汭。越五日甲寅位成。若翼日乙卯，周公朝至于洛，則達觀于新邑營。

洛誥云：

予乃胤保，大相東土，其基作民明辟。予惟乙卯，朝至於洛師，我卜河朔黎水，我乃卜澗水東瀍水西，惟洛食。

實爲同一之事。召誥之乙卯，即洛誥之乙卯也。王樵云：

卜以戊申，而周公至以乙卯。乃云「我卜」者，二公同心同謀，召公之卜，即周公之卜也。（書經傳說彙纂卷十四）

如其說，則周公非再卜也。蓋河朔黎水，今河南濬縣之東，黄河以北之地也。先卜之者，顏氏云：「河北黎水，近於紂都，爲殷民懷土重遷，故先卜近以悦之。」（尚書正義）然以不吉，乃更卜澗水之東瀍水之西，即王城之地。第一之目的（均貢道）既達，爲圖達第二之目的（鎮殷民），故周公又卜瀍水之

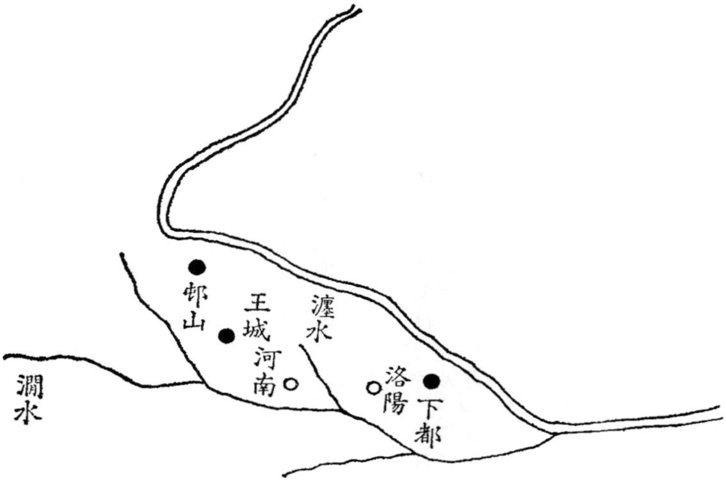

東。洛誥前文之次所謂「我又卜瀍水東，亦惟洛食」是也。鄭玄云：

瀍水東既成，名曰成周，今洛陽縣是也。召公所卜處名曰王城，今河南縣是也。

蔡傳云：

澗水東、瀍水西，王城也，朝會之地。瀍水東，下都也，處商民之地。王城在澗瀍之間，下都在瀍水之外。

此兩者之區別也。然兩地僅隔一瀍水，相距不過四十里，作之爲一大都邑，即洛邑也。後謂之成周。

王城之規模，見於作雒解：

乃作大邑成周於土中，立城方千七百（宋本及御覽作六百）二十丈，郛方七十里。（宋本作七十二里，孫詒讓云當作二十七里。）南繫于雒水，北因于郟山，以為天下之大湊。（中略）乃設丘兆于南郊，以祀上帝，配以后稷。日月、星辰、先王皆與食。（中略）乃建大社于國中。（中略）乃位五宮、大廟、宗宮（文王廟）、考宗（武王廟）、路寢、明堂。

蓋頗完備。

其工事皆役使殷民，召誥：「太保乃以庶殷，攻位於洛汭。」又：「周公乃朝用書命庶殷：侯、甸、男、邦伯。厥既命殷庶，庶殷丕作。」皆是也。然雖以周公、召公當時第一流之政事家協力督勵，而殷民之役使頗爲困難。蔡傳云：

殷之頑民，若未易役使者。然召公率以攻位而位成，周公用以書命而丕作。殷民之難化者，猶且如此，則其悦以使民可知也。

如其說，殷民似非勇於赴功也。然大勢既不可抗，殷民與其他庶邦人民共服其勞，終至功成。於是召公告王曰：

王來紹上帝，自服於土中。旦曰：「其作大邑，其自時配皇天；毖祀於上下，其自時中乂。王厥有成命，治民今休。」

可見周公君臣期待於茲事之切矣。

又瀍水之東爲殷民所居，雖工事不能如王城之大，然亦必有所營建。而殷民集合王城之近傍，與周人相接近，尤爲鎭服殷頑最有效之方法。張行成云：

> 周公營建洛邑，於是使其耳目一新，心志變易，日見周之士大夫，日聞周之號令，日被周之德化，變念商之心為念周之心。（書經傳說彙纂卷十五）

此可見周公、召公所以率先爲之之所以也。

王城既成，乃遷九遷九鼎於此，謂之成周，又謂之東都。左傳：「成王定鼎於郟鄏，卜世三十，卜年七百。」（宣三年）又：「昔成王合諸侯城成周，以爲東都，崇文德焉。」（昭三十二年）又公羊傳：「成周者何？東周也。」（宣十六年）何休注：「名爲成周者，本成王所定名。」鄭玄特以瀍水之東爲成周，誤也。又左傳：「武王克商，遷九鼎於洛邑。」（桓二年）此特約略言之。九鼎遷於成王時，毫無可疑。

至論作雒之年，召誥、洛誥無明文。有謂在周公攝政之五年者：尚書大傳、召誥鄭注等是，而江聲、王鳴盛、魏源等從之。有謂在周公攝政之七年者：史記魯世家、漢書律歷志、尚書孔傳等是，而孫星衍（今古文注疏）、俞樾（羣經平議）等從之。雖兩說互異，或爲始於五年而成於七年，則其歸可一也。

成周之成，周公以成王之命曉喻殷民，有多士之篇。書序云：「成周既成，遷殷頑民，周公以王命告，作多士。」惟遷殷民在作洛前，已如前述。目之爲頑民者，江聲云：

作雒城郭圖（據周書斠補）

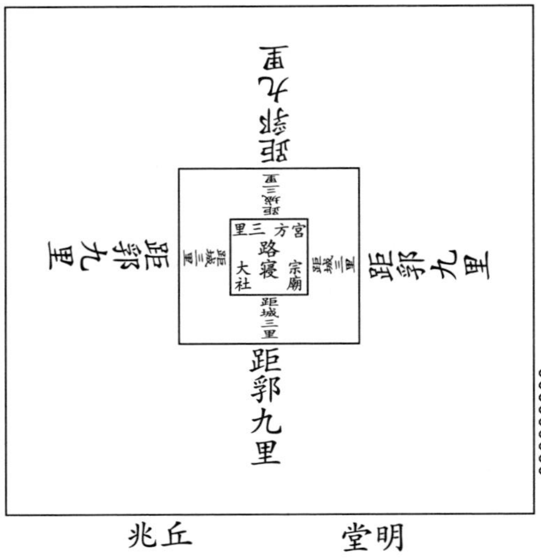

> 以其不服于周，言其不則德誼，故謂之頑，且目之為民也。雖然，其不服于周，由不忘故主之故。然則由周而言，謂之頑民；由商言之，固不失為誼士。桓二年左傳云：「武王克商，遷九鼎於雒邑，誼士猶或非之。」誼士即謂此頑民也。（書序尚書集注音疏尚書敍）

鎮撫頑民，誠爲當時一難問題。故周公遷之役之，諄諄反復，告之不息。既有多方，又作多士，兩篇文意粗同，而多方文繁，多士文簡，豈前日既語其詳，故後日衹言其略耶。蘇軾嘗論之曰：

大誥、康誥、酒誥、梓材、召誥、洛誥、多士、多方八篇，雖所誥不一，然大略以殷人不心服周而作也。予讀秦誓、牧誓、武成，常怪周取殷之易，及讀此八篇，又怪周安殷之難也。多方所告，不止殷人，乃及四方之士。是紛紛焉不心服者，非獨殷人也。予乃今知湯已下七王之德深矣。方紂之虐，人如在膏火中，歸周如流，不暇念先王之德。及天下粗定，人自膏火中出，即念殷先七王如父母。雖以武王、周公之聖相繼撫之，而莫能禁也。夫以西漢道德比之殷，猶碔砆之與美玉也。然王莽、公孫述、隗囂之流，終不能使人忘漢。光武之成功，若建瓴然。使周無周公，則殷之復興也必矣。此周公之所以畏而不敢去也。（東坡書傳卷十五）

則周公之所以有大功於周室者，亦可以見其概略矣。

第六節　禮樂之制作

欲使一代政治達於高尚優雅之域，致太平之盛，不可不制禮作樂。然其本源在人君之一身，本源一亂，禮樂復何爲哉？故周公當內外多事之際，與召公共相成王，親爲師保。書序云：「召公爲保，周公爲師，相成王爲左右。」是也。師保之義見於文王世子，云：

師也者，教之以事而諭諸德者也。保也者，慎其身以輔翼之，而歸諸道者也。

周公陳豳風七月之詩，朱子釋之曰：

周公以成王未知稼穡之艱難，故陳后稷、公劉風化之所由，使瞽矇朝夕諷誦以教之。

蓋得其大意。又以無逸爲訓告，始戒其逸豫，終舉棄忠言、惑邪說、壞法度、信誹謗爲話。蓋無逸之與七月，皆所謂教之以事而諭之於德者，凡所以養其本源也。荀子云：「教誨開導成王，使諭於道，而能揜迹於文、武。」（儒效）必如此，而後禮樂之制作，不至於徒爲也。

左傳云：「先君周公制周禮。」（文十八年）尚書大傳云：「周公攝政六年，制禮作樂。」（洛誥傳）周公於一代治績，發揚其前古未有之光輝者，實在於此。大傳又述其作禮樂之次序，云：

周公將作禮樂，優遊之三年不能作。君子恥其言而不見從，恥其行而不見隨。將大作，恐天下莫我知。將小作，恐不能揚父祖功烈德澤。然後營洛以觀天下之心。於是四方諸侯，率其羣黨，各攻位於其庭。周公曰：「示之以力役，且猶至，況導之以禮樂乎？」然後敢作禮樂。書曰：「作新大邑於東國洛，四方民大和會。」此之謂也。（毛詩周頌譜正義）

雖多屬想像之言，或亦事實有如此者。至周官、儀禮之書，記周代之禮，於周公之禮樂雖不無演繹其意見者，固非周公之制作，亦必非悉行於當時。此當別論。今徵之傳記，舉其制作之實際施行者而止。

周公既與召公共營建洛邑，及其成也，乃行郊祀、宗祀之二大祭。孝經云：

昔者，周公郊祀后稷以配天，宗祀文王於明堂以配上帝。是以四海之內各以其職來祭。

是也召誥曰：「若翼日乙卯，周公朝至于洛，則達觀于新邑營。越三日丁巳，用牲於郊，牛二。」曰：「其作大邑，其自時配皇天。」逸周書作雒解曰：「乃設丘兆於南郊，以祀上帝，配以后稷。」此即郊祀也。祀天故配以后稷，用二牛之牲。周頌思文之詩，爲其時之樂歌，所謂「思文后稷，克配彼天」者也。其時成王未至於洛邑，周公主而行之。又召誥郊之翼日，行社之祭，曰：「越翼日戊午，乃社于新邑，牛一，羊一，豕一。」作雒解亦云：「乃建大社於國中。」是也。其禮視郊禮爲小，故孝經不之及。且郊社之祭，行於洛邑營建之初，其影響自不能及此後明堂宗祀之大。

謂宗祀文王於明堂者，洛誥云：

周公曰：「王肇稱殷禮，祀于新邑，咸秩無文。予齊百工，伻從王于周。予惟曰『庶有事』。今王即命曰：『記功宗，以功作元祀。』惟命曰：『汝受命篤弼，丕視功載，乃汝其悉自教工。』」

此述成王命周公爲文王之宗祀也。惟視其文義之解釋，不免有多少異其事實者。殷禮從來多釋爲殷代之禮，魏源云：「殷禮者，盛禮，即公羊五年而再殷祭之謂。」（書古微卷十）其說可從。（按此蔡傳已言之。）咸秩無文者，考證家大抵謂殷尚質，用殷禮故無文，孔傳則謂：「皆次秩不在禮文者而祀之。」孟康謂：「諸廢祀無文籍皆祭之。」（漢書翟方進傳注）似較穩當。功者，阮元云：「明堂宗祀，工之大者。」（揅經室集孝經郊祀宗祀說）則宗即宗祀之宗，功宗乃宗祀之功也。載者事也，功載即功宗之事。蓋周公欲成王創始舉行盛禮，爲祭祀於新邑，雖從來之無禮文者，皆次第以行之。故整齊百官，使從王於成周洛邑，以迎王行國家之大典。然王謙讓不敢親至於洛邑，命周公識宗祀之功，作爲元祀。謂汝乃受顧命篤弼之元勳，大行宗祀之事示之天下，乃汝自教天下諸侯之功。此洛誥之文之大意也。於是周公自爲主於洛邑明堂，行宗祀之大禮焉。

所謂明堂者，雖古來諸儒之說紛如聚訟，要爲本於周人明堂之古制，而稍稍損益之。其制度不可不以考工記爲正。考工記匠人職述夏、殷世室重屋之制云：

夏后氏世室，堂脩二七，廣四脩一。（二七，「二」字衍文。堂脩七者，南北之深七步。廣四脩一者，東西之廣四七二十八步，南北之深，得廣之四之一也。）五室三四步，四三尺，（五室各方四步，自東西或南北數之，皆得四步之室者三，故曰三四。室墉厚三尺，四方皆墉，故曰四三。）九階，（南面三階，他三面各二階。）四旁兩夾，（四旁者，四堂之旁。兩夾者，四堂各有左右个也。个同介，卽箱也。）窗白盛（以蜃灰塗窗），門堂三之二，室三之一。（門堂，門側之堂。門堂得正堂三之二，門室得正堂三之一。）

殷人重屋，堂脩七尋，堂崇三尺，四阿重屋。（四阿者，四棟也。謂四室各有棟也。重屋者，中央大室之屋之四周覆四室之棟之上為二重也。）

其次則述周之明堂云：

周人明堂，度九尺之筵，東西九筵，南北七筵，堂崇一筵，五室，凡室二筵。

蓋周之明堂，與夏之世室、殷之重屋粗粗同制。明堂蓋取向明而治之義。筵，九尺。九筵，八丈一尺。七筵，六丈三尺。廣八丈一尺，深六丈三尺也。阮元謂：八丈一尺，約當清尺四丈八尺六寸；六丈三尺，約當清尺三丈七尺八寸，是爲一堂之大。如是者南北東西凡四堂，其中央有五室，室方二筵，四面各一丈八尺也。其五室乃廟屋內之區劃，同覆於重屋之下，非別建五小屋也。

蓋明堂者，本於夏、殷之制。九階、四旁兩夾、窗白盛之制，同於夏之世室。四阿重屋之制，同於殷之重屋。而三代名稱各異者，俞樾說之曰：

夏曰世室，舉中以見外。殷曰重屋，舉上以見下。而周曰明堂，則獨舉南之一面，以包其三面。（羣經平議卷十四）

其制度之所異，則有以步、以尋、以筵之別。步六尺，尋八尺，筵九尺，其大小廣狹各有不同。孫詒讓又謂夏之堂全基爲正方形，殷、周之堂則四出成亞字形。其言曰：

經於殷特著四阿之文，非徒見屋之兩重，亦兼明四出之堂制始於此。假令四出為周堂所獨，則其形制鉅異，下經不宜絕無殊別之文。（周禮正義卷八十三）

此於本文雖若其區別不十分明瞭，然殷、周之堂之爲亞字形，可無疑也。

明堂者，於四堂之中央有五室，即爲廟屋，月令篇云：「明堂太廟。」又云：「太廟太室。」

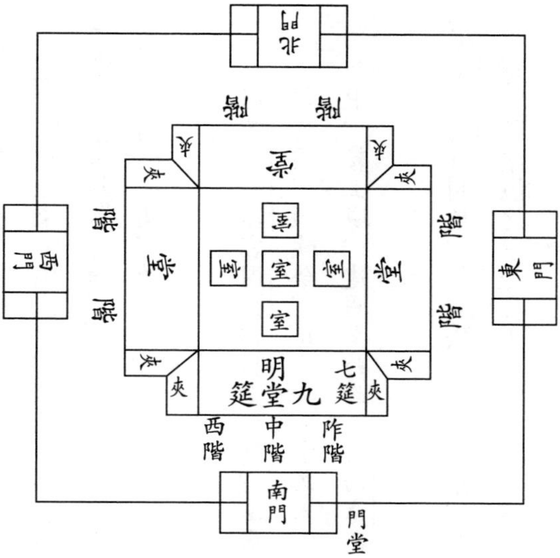

明堂之說，主大戴禮九室十二堂之說者，有班固白虎通、蔡邕明堂月令、惠棟明堂大道錄、孔廣森禮學卮言等。主考工記五室之說者，有鄭玄周禮注、袁準正論、陳祥道禮書、焦循羣經宮室圖、江藩隸經文等。今從後說。

晉袁準說之云：「明堂太廟者，明堂之內太室，非宗廟之太廟也。」（詩靈臺疏）是也。故明堂者，可謂之太廟，又可謂之太室，周頌謂之清廟，即明堂之太廟，與天子七廟之宗廟不同。古來述明堂之制者，有考工記與大戴記二書，而考工記所載與大戴記不同。大戴記之九室十二堂，爲漢代之制而非古制，先儒既詳論之。考工記成於周末，與周公之制作，不可謂無多少之異同。然其大體，當非甚有差異也。考工記之制，概略當如前圖。

至言明堂原來之用途者，金鶚云：「明堂所行之禮有三，曰宗祀，曰告朔，曰朝覲。」（求古錄禮說二）似爲粗得其要。蓋明堂者，王者出政教之堂也。然洛邑有之，而鎬京則無。鄭志云：「周公攝政，致太平，制禮作樂，乃立明堂于王城。」焦循之羣經宮室圖又論之云：

> 周書作雒篇言周公作明堂之制。是明堂在東都，而鎬京之明堂，無有明文。蓋明堂之設，所以朝諸侯，頒政令，祀天帝，宗文王，非諸侯所有。未制禮樂，仍依侯制，無明堂。既卜天下之中，營王城，建明堂於此。而西京不朝諸侯，無明堂也。（卷二）

又孟子書齊有明堂，蓋取法於明堂而作，與路寢之明堂、辟雍之明堂相類，非規模廣大之眞明堂也。

意當時洛邑之宗祀文王於明堂者，當不僅舉行一報本反始之祭典而止，魏源曰：

> 周公制禮初成，恐公卿諸侯儀文未習，故先舉行宗祀於明堂，演習其儀。（書古微卷十）

是即試爲新定禮儀之實地演習，舉有周一代之大典，於此行之，尤爲適當也。

當日用於祭典之樂歌，即周頌之清廟、維清、我將等，述文王之功德甚切，其詩曰：

於穆清廟，肅雝顯相。濟濟多士，秉文之德。對越在天，駿奔走在廟。不顯不承，無射於人斯。（清廟）

維清緝熙，文王之典。肇禋，迄用有成，維周之禎。（維清）

我將我享，維羊維牛，維天其右之。儀式刑文王之典，日靖四方。伊嘏文王，既右饗之。我其夙夜，畏天之威，于時保之。（我將）

詩序：「維清，奏象舞也。」鄭箋：「象舞，象用兵時刺伐之舞。」象舞爲文王之樂，左傳所謂象箾者也。禮記記孔子之言云：「升歌清廟，示德也。下而管象，示事也。」（仲尼燕居）是是時制作之樂，蓋文德武功兼而備之者。

周公行其禮，奏其樂，舉行宗祀之大禮，其效果良不虛，四海之內，各以其職來助祭者，皆與之以非常之感動。當時情事尚書大傳述之，其言曰：

當其效功也，於卜洛邑，營成周，改正朔，立宗廟，序祭祀，易犧牲，制禮樂，一統天下，合和四海，而致諸侯。皆莫不依紳端冕，以奉祭祀者。其下莫不自悉以奉其上者。莫不自悉以奉其祭祀者，此之謂也。盡其天下諸侯之志，而效天下諸侯之功也。廟者，貌也，以其貌言之也。宮室中度，衣服中制，犧牲中辟，（辟，法也。）殺者中死，割者中理，撙弁者為文。（撙弁，折帚也。）爨竈者有容，椓杙者有數。太廟之中，繽乎其猶模繡也。天下諸侯之悉來進受命於周，而退見文、武之尸者，千七百七十三諸侯，皆莫不磬折玉音，金聲玉色。然後周公與升歌而弦文、武。諸侯在廟中者，伋然淵其志，和其情，愀然若復見文、武之身。然後曰：「嗟子乎！（嗟子與嗟咨同。）此蓋吾先君文、武之風也。」夫及執俎抗鼎，執刀執匕者，負廧而歌，憤於其情，發於中而樂節文。故周人追祖文王而宗武王也。是故周書目太誓就召誥，而盛於洛誥也。故其書曰：「揚文、武之德烈，奉對天命，和恆萬邦四方民。」是以見之也。孔子曰：「吾於洛誥見周公之德，光明於上下。勤施四方，旁作穆穆。至於海表，莫敢不來服，莫敢不來享。以勤文王之鮮光，以揚武王之大訓，而天下大治。故曰：聖之與聖也，猶規之相周，矩之相襲也。（洛誥傳）

漢初，於長樂宮行叔孫通所定之禮儀，諸侯羣臣，無不振恐肅敬者，竟朝罷酒，無敢讙譁失禮。於是高祖曰：「吾今日始知皇帝之貴也。」其事傳爲千古談資。宗祀文王之大禮，其影響決非長樂宮宴會之比。故孔子曰：「孝莫大於嚴父，嚴父莫大於配天，則周公其人也。」（孝經）又曰：「夫聖人之德，又何以加於孝乎？」（同上）皆所以稱揚其事也。

周公更遵武王遺制，定對於先王先公之禮儀，且推廣其旨意以及於諸侯大夫及士庶人焉。中庸曰：

武王末受命，周公成文、武之德，追王太王、王季，上祀先公以天子之禮。斯禮也，達乎諸侯、大夫及士庶人。父為大夫，子為士，葬以大夫，祭以士。父為士，子為大夫，葬以士，祭以大夫。期之喪，達乎大夫。三年之喪，達乎天子。父母之喪，無貴賤一也。

即其事。禮記大傳云：

牧之野，武王之大事也。既事而退，柴於上帝，祈於社，設奠於牧室。遂率天下諸侯，執豆籩，逡奔走。追王太王、亶父、王季歷、文王昌，不以卑臨尊也。

據此，似追王已行於武王之時。故中庸鄭注孔疏以周公之追王爲改葬。然大田元貞云：

據大傳則追王出於武王。雖然，武王草創，制度未定。至於周公致太平，制作禮樂，其制始

定。故夫子屬諸周公之功乎？（中庸原解卷二）

周官儀疏亦云：

中庸言周公追王者，周家制作，皆出於公，故係之公耳。孔氏必求其說，謂周公追王乃改葬以王禮，未必然也。（卷四十七）

觀此，則其事雖昉於武王，而其詳細禮儀之確定，則至周公而備耳。周公既舉行宗祀之大禮，得非常之好果，更進而請成王於洛邑行朝會諸侯於明堂之盛儀。逸周書明堂解記當時之景象云：

周公攝政君天下，弭亂六年，而天下大治。乃會方國諸侯于宗周（成周）。大朝諸侯明堂之位。天子之位，負斧扆南面立。羣公卿士，侍于左右。三公之位，中階之前，北面東上。諸侯之位，阼階之東，西面北上。諸伯之位，西階之西，東面北上。諸子之位，門內之東，北面東上。諸男之位，門內之西，北面東上。九夷之國，東門之外，西面北上。八蠻之國，南門之外，北面東上。六戎之國，西門之外，東面南上。五狄之國，北門之外，南面東上。四塞九采之國（九州之外，為中國之蔽塞而供事者。）世告至者，應門之外，北面東上。此宗周明堂之位也。明堂者，明諸侯之尊卑也。故周公建焉，而朝諸侯於明堂之位，制禮作樂，頒度量，而天下大服，萬國各致其方賄。

禮記明堂位之文，與之略同。又王會解亦記成周之會，然其言頗失於誇張，且如穢人、良夷諸名，皆不見於後世，今不取。總之，是會者，周公經營周室，基業既成，舉禮樂制定之實，其盛大可想見也。而周公於此機會特警告成王以統御諸侯、教養萬民之道。洛誥曰：

已，汝惟沖子，惟終。汝其敬識百辟享，亦識其有不享。享多儀，儀不及物，惟曰不享。惟不役志于享。凡民惟曰不享，惟事其爽侮。

此言統御諸侯，當重禮而輕物也。

乃惟孺子，頒朕不暇聽，朕教汝于棐民彝。汝乃是不蘉，乃時惟不永哉！篤敘乃正父，罔不若予，不敢廢乃命。汝往敬哉！茲予其明農哉！彼裕我民，無遠用戾。（同上）

此言所以輔民常性之道，不可不黽勉爲之也。

以上所述，禮樂制作之實地施行之一斑也。公孫弘曰：「周公旦治天下，朞年而變，三年而化，五年而定。」（漢書公孫弘傳）蓋即指此等而言。當是時，周之聲教洋溢遠播，及於四方之夷狄，殆有不止列席於成周之會者。尚書大傳及隸詩外傳（卷五）、新序（雜事第一）、古今注等，皆有越裳氏來朝之說。大傳曰：

交趾之南有越裳國。周公居攝六年，制禮作樂，天下和平。越裳以三象重譯，而獻白雉，曰：「道路悠遠，山川阻深，音使不通，故重譯而朝。」成王以歸周公。公曰：「德不加焉，則君子不饗其質。政不施焉，則君子不臣其人。吾何以獲此賜也？」其使請曰：「吾受命吾國之黃耇曰：『久矣！天之無烈風澍雨。意者中國有聖人乎？有則盍往朝之！』」周公乃歸之於王，稱先王之神致，以薦於宗廟。（嘉禾傳）

此其記事雖有過於文飾之嫌，然宗祀之禮，成周之會之盛，播聞於遠方，乃有越裳氏之來朝，不可謂必無其事也。越裳者，蓋謂南方越人之著裳者耳。

第三章　周公之晚年

第一節　周公之歸政

周公既全武王付託之責任，成王年亦稍長，乃歸政於王而自退休。洛誥云：「朕復子明辟。」（此語文義上之解釋亦有異，說詳下文。）又曰：「予其明農哉！」即露退休之意。然成王則述周公之功德，以示挽留曰：

公，明保予沖子。公稱丕顯德，以予小子，揚文、武烈，奉答天命，和恆四方民居師。惇宗（功宗之宗）將禮，稱秩元祀，咸秩無文。惟公德明光於上下，勤施于四方，旁作穆穆，迓衡不迷文、武勤教。予沖子夙夜毖祀。公功棐迪篤，罔不若時。（洛誥）

不遽許也。然王亦知周公之希望不可全然拒絕，乃又曰：

公，予小子其退，即辟于周，命公後。四方迪亂，未定于宗禮，亦未克敉公功。迪將其後，監我士師工，誕保文、武受民，亂為四輔。公定，予往已。公功肅將祇歡，公無困哉！（漢書元后傳及杜欽傳皆作我。）我惟無斁，其康事，公勿替刑，四方其世享。（同上）

留周公於洛使專治，於是周公拜手稽首曰：

王命予來，承保乃文祖受命民，越乃光烈考武王，弘朕恭。孺子來相宅，其大惇典殷獻民，亂為四方新辟，作周恭先。曰：其自時中乂，萬邦咸休，惟王有成績。予旦以多子越御事，篤前人成烈，答其師，作周孚先。考朕昭子刑，乃單文祖德。

以治洛之事自效。以是王於洛行烝祭，祭文王、武王，告留周公於洛而自歸鎬京。自是以後，周公專主陝以東，召公主陝以西。公羊傳云：「自陝而東者，周公主之。自陝而西者，召公主之。」（隱五年）史記云：「其在成王時，召公爲三公。自陝以西，召公主之。自陝以東，周公主之。」（燕世家）風俗通云：「武王滅紂，封召公於燕。成王時，入據三公，出爲二伯。自陝以西，召公主之。」（卷一）皆是也。史記樂書述武王之樂又云：「四成而南國是疆，五成而分陝，周公左，召公右。」張守節正義云：

儛者第四奏，象周太平時，南方荆蠻並來歸服，為周之疆界。儛者至第五奏，而東西中分之，為左右二部，象周太平後，周公、召公分職為左右二伯之時。

是亦以周公、召公分陝東西而治，在太平之後也。樂書所言與樂記同，惟樂記無分陝之陝字，其意味則不異。先儒或據樂記等書，謂周、召分陝在武王時，誤也。武王之時，豈二公分治之世哉？

茲有一可疑者，則爲陝地之所在。公羊傳何休注：「陝者，蓋今弘農陝縣是也。」是爲今河南陝州，乃普通之說。然釋文：「一云當作郟，古洽反。王城郟鄏也。」（卷二十一）崔述亦云：

陝州之名陝，古無所考。既非都會之地，又無長山大川直亘南北，若大行、鴻溝可辨疆域者。於此分界，將何取焉？且自陝州以東，青、兖、徐、青四州，及冀、豫、荆三州，地十之八九。陝州以西，雍、梁二州，及冀、豫、荆三州，地十之一二。廣狹亦大不倫。傳云：「成王定鼎於郟鄏。」周語云：「晉文公既定襄王於郟。」是洛亦稱郟也。洛邑天下之中，當於此分東西為均。陝、郟字形相似，或傳寫者之誤。而古今地名同者亦多，或別有地名陝，非宏農之

陝，亦未可知也。（豐鎬考信錄卷五）

則陝或非河南之陝州，而爲郟鄏之郟之誤。

周公至於七年，益求歸政，洛誥云：「惟周公誕保文、武受命，惟七年。」逸周書明堂解、尚書大傳、禮記明堂位等皆云：「七年致政於成王。」蓋即實行洛誥所謂「復子明辟」也。漢書王莽傳有云：

羣臣奏言太后：「周公始攝，則居天子之位。成王加元服，周公則致政。書曰：『朕復子明辟。』周公常稱王命，專行不報，故言我復子明君也。」

此於復辟之解釋，蓋不可易。王鳴盛論之曰：

王莽託周公以行其姦，語多附會。但漢重經術，經重家法。博士所習，皆有師承案據，非能空造。莽之假託，正為攝政復辟，古學如此，故得售其欺。倘本無此事，莽亦無由託之。（尚書後案）

誠確當之論。世儒往往懲於王莽之弊害，欲曲解經文以爲辨護，誤矣。周公之攝王位，蓋爲不得已之事，出之以非常之決心，後世流弊如何，不暇顧也。至於七年之後，既粗達其目的，乃還政於成王。雖不復統制四海，然居洛邑而治陝東，則不辭焉。

第二節　周公之考終

周公既歸政，居洛邑，治東方諸國。其後暫退隱於豐而薨。書序：「周公在豐，將沒，欲葬成周。公薨，成王葬于畢。」史記魯世家云：

周公在豐病，將沒。曰：「必葬我成周，以明吾不敢離成王。」周公既卒。成王亦讓，葬周公於畢，從文王，以明予小子不敢臣周公也。

是周公蓋以健康之不勝，故一時退隱，既則自知病將不起，故爲此遺言，亦遂不久而薨也。

其薨在何年，則史記所不載。尚書大傳云：

三年之後，周公老于豐，心不敢遠成王，而欲事文、武之廟。然後周公疾。曰：「吾死必葬於成周，示天下臣於成王。」成王曰：「周公生欲事宗廟，死欲聚骨於畢。」畢者文王之墓也。故周公薨，成王不葬於成周，（一本無成字。）而葬之於畢，示天下不敢臣也。所以明有功，尊有德，故忠孝之道，咸在成王、周公之間。（金縢傳）

據此，則周公歸政後三年而薨也。惟其年壽則無可考。其退隱於豐者，如大傳言，則爲欲事文、武之廟也。成周如前所述則指洛邑，惟與「示天下臣於成王」、「以明吾不敢離成王」云云不合。故陳逢衡（竹書紀年集證卷二十七）、牟庭（周公年表）等，皆以成周之「成」爲衍文，謂周指鎬京，誠是。不然則文意衡決難通矣。

蓋周公之欲葬於周者，爲示其於成周之經營，雖不無專擅之嫌，然全爲國家之大計，至於臣於成王之意，則實絲毫無易也。成王不從其言，葬之於畢，使陪從文、武之墓者，謂周公非特臣於己，彼其繼文、武之遺志而完成其事業，爲周室之元勳，他無可比類，所以特表其功德也。書序：「周公既沒，命君陳分正東郊成周，作君陳。」則周公雖退隱於豐，其名義上治洛邑如舊，及其沒後，始定繼任之人也。

周公葬於畢，孫星衍著畢原畢陌考，謂其在渭水之南，其文曰：

畢原在渭水南，周文王、武王、周公之所葬。今長安縣西南二十八里是也。畢陌在渭水北，秦文王、武王之所葬，即今咸陽之陵。見諸書傳甚明。（中略）考渭南之畢，先見于詩，毛傳云：「畢，終南之道名也。其名最古。史記云：所謂『周公葬我畢』，畢在鎬東南杜中。」趙岐注孟子云：「畢，文王墓，近於豐、鎬也。」臣瓚注漢書云：「畢西于豐三十里。」裴駰引皇覽云：「文王、武王、周公冢，皆在京兆長安鄗聚東杜中。」終南山、豐水、鄗聚、杜中皆在渭水南，即知畢原之所在。故括地志云：「周文王墓、武王墓，在雍州萬年縣西南二十八里畢原上也。」元和郡縣志云：「畢原在萬年縣西南二十八里，書序云『周公葬于畢』是也。」萬年即今咸寧縣。是漢、魏、六朝、唐以來，俱以文、武、周公葬在渭水南，無異說也。（問字堂集）

其下更論宋以來以畢陌之在渭水之北者爲周公之所葬之誤，其說明確可從。

周公既沒，長子伯禽爲魯侯承其祀，次子則別食周之采地，爲周公與王室之政。春秋時周公，蓋其子孫，惟其次子爲人則不可詳。

後世謂成王思周公之大勳，有許魯以天子之禮樂祀周公之說。禮記祭統曰：

昔者周公旦有勳勞於天下。周公既沒，成王、康王追念周公之所以勳勞者，而欲尊魯，故賜之以重祭。外祭則郊社是也，內祭則大嘗禘是也。夫大嘗禘，升歌清廟，下而管象，朱干玉戚以舞大武，八佾以舞大夏，此天子之樂也。康周公，故以賜魯也。

明堂位亦云：

成王以周公為有勳勞於天下，是以命魯公世世祀周公以天子之禮樂。

於是程伊川論之曰：

始亂周公之法度者，是賜也。人臣安得用天子禮樂哉？成王之賜，伯禽之受，皆不能無過。（程氏遺書卷十八）

然欲斷其事之是非，不可不先考其事之有無。成王果許祀周公以天子之禮樂焉，從來有種種之議論，而張燧之說最爲得之。其言曰：

史者，載事之書也。以天子禮樂賜諸侯，豈細事哉？左氏未嘗言之，公羊、穀梁及國語皆未嘗言之。公羊之言曰：「魯郊非禮也。」左傳：「隱公嘗問羽數於衆仲。衆仲曰：『天子用八，諸侯用六，大夫用四，士用二。』公從之。於是初獻六羽。」若八佾之賜，果出成王，則衆仲胡不舉以對？皋鼬之盟，萇弘欲先蔡。祝鮀述魯、衛初封之寵命賜物，其說魯之寵錫：「大輅大旂，夏后氏之璜，封父之繁弱，土田陪敦，祝宗卜史，官司彝器」，纖悉畢舉。使有天子禮樂之賜，鮀也正宜藉口以張大於此時，而反無一言及之乎？昭公曰：「吾何僭矣哉！」子家駒曰：「設兩觀，乘大輅，朱干玉戚以舞大武，八佾以舞大夏。此皆天子之禮也。」賜果出於成王，子家敢面斥昭公以僭而不諱邪？周公閱來聘魯，饗有昌歜形鹽而辭不敢受。寧武子聘魯，魯饗之，賦湛露、彤弓，而曰其敢干大禮。二子之辭，蓋惡魯之僭也。以是觀之，可見魯之僭尚未久，故上自天子之宰，下至鄭國之卿，苟有識者，皆疑怪遜謝。而魯人並無一言及成王之賜以自解。以此知其誣也。按呂氏春秋云：「魯惠公使宰讓請郊廟之禮於王，王使史角止之。」夫止之而有郊禘，是魯自僭也。然惠公雖請之，而魯郊猶未率為常。僖公始作頌，以郊為夸焉。記禮者以為魯禮皆成王賜之，以康周公，而疑似之說，遂至於今。（千百年眼卷三）

此謂魯之僭禮起於後世，則其非始於成王之時可知。曹之升又以明堂位所記比較於周官而有下說，其言曰：

據明堂位，魯公世世祀周公以天子之禮樂。而周禮祫禘朝踐用大尊，饋食用山尊，春夏朝踐用犧尊，饋食用象尊。魯不用大尊，下天子一等。周禮祫禘灌用虎彝蜼彝，冬烝灌用黄目。魯不用虎彝蜼彝，下天子一等。周禮王加以玉爵，后加以璧角，賓加以璧散。魯正爵用玉琖，君加用璧角，夫人加以璧散，下天子一等。則魯亦何嘗概用天子禮樂哉？（四書摭餘説論語卷一）

觀是，則魯非悉用天子之禮樂也。祭統、明堂位所記，爲後世魯國之僭禮，而陋儒文飾之無疑。胡培翬禘祫問答，本馬端臨之説，謂成王許以禘禮祀周公，不及其他，轉不免於附會矣。

第四章　周公學術思想之概觀①

第一節　周公時代之詩文及學風

欲探周公學術之淵源，不可不考周公時代之學風。欲知周公時代之學風，無如徵於其時代及出於其時以前之文章與詩歌。

當夏、殷時，傳記所載，設有東序、西序、右學、左學之大學，及校與序之小學。周初，於大雅之靈臺、文王有聲有辟雍。於周頌有西雝，西雝即辟雍也。蓋行宴饗儀式之所，略當於大學。豳風七月有「躋彼公堂，稱彼兕觥。」毛傳：「公堂，學校也。」是即庠序之類，爲小學。既有大小學校之設，則教育之行於當時可見。

---

① 原注：本章在原書入第二編，附譯以見概略。

其教育之結果遺存於今日者，出於殷末周初之詩歌與文章，就於詩、書二經而可考也。其他逸周書亦有幾分之可取。其作詩年代，雖多不能確定，姑本之小序，更參以三家及其他諸說，除其種種之異論，則周初之詩，大概可舉者：於國風有葛覃、卷耳、樛木、螽斯、桃夭、兔罝、芣苢、漢廣、汝墳、麟之趾、鵲巢、草蟲、采蘋、行露、羔羊、殷其靁、摽有梅、小星、江有汜、騶虞、東山、破斧、伐柯、九罭、狼跋諸篇，於小雅有皇皇者華、伐木、天保、魚麗、南有嘉魚、南山有臺、蓼蕭、湛露、彤弓、菁菁者莪、楚茨、信南山、（楚茨、信南山乃豳雅，非幽王詩。）甫田、大田，於大雅有大明、緜、棫樸、旱麓、思齊、皇矣、靈臺、文王有聲、生民、行葦、既醉、鳧鷖，於頌有烈文、天作、我將、臣工、噫嘻、振鷺、豐年、有瞽、潛、雝、載見、有客、閔予小子、訪落、敬之、小毖、載芟、良耜、絲衣。惟其中或有周公之作，或非周公作而受周公之影響者，今不能嚴密區分，姑概略舉之如右。

言其文章，於商書有西伯戡黎、微子，於周書有牧誓、洪範、酒誥、梓材、費誓，於逸周書有大匡、程典、文傳、武順、和寤、武寤、文政、世俘、商誓、成開、時訓、嘗麥。逸周書之文，或出東周以後不可知，而和寤、世俘、嘗麥頗有古色，世俘稍不免於誇張。其他於周書記周公言行者，有金縢、大誥、康誥、召誥、洛誥、多士、多方、無逸、君奭、立政諸篇，皆成於當時史臣之手，亦可窺其文學進步之狀況也。

就以上所述，察當時之學風，重人倫，養德性，務爲躬行實踐，其意散見於各處。且深信天人相闕之理，或不免陷於迷信，然亦注意實際的業務，決不自怠。於七月（其詩非周公作，次節詳之）、楚茨、信南山、甫田、大田、生民、公劉諸篇，述尚農之意者甚多。可見其思想之堅實而不浮躁。

今自文學上觀之，其文章詩歌之發達，誠爲可驚。或溫潤敦厚，或沉痛悲壯，或則高古樸茂，或則雄渾莊嚴，雖各不同，而莫不赫赫照耀數千載之後，毫不失其光輝。豈非自唐、虞以來傳承至於殷代文明之鬱積而至此耶？

第二節　周公之學問及其著作

周公既生於文學極盛之時代，而於政治界又爲前古未有之活動，其於學問上必有所研修無疑。尤其事於事變，進退從容，無所驚懼，且制作禮樂，致太平之盛，苟非素養之深，決所不能也。

今於其學修上之詳細，雖不可考，然就其師承，亦略有所傳者。韓詩外傳云：

武王學乎太公，周公學乎虢叔。（卷五。新序雜事五：「武王學乎郭椒，周公學乎太公。」蓋爲其事之誤傳。）

白虎通謂：「周公師虢叔。」（辟雍）潛夫論謂：「周公師庶秀。」（讚學）今考虢叔者，左傳云：「虢仲、虢叔，王季之穆也。」（僖五年）是虢叔為文王之弟。尚書君奭列舉輔佐文王之諸臣，而首及虢叔，其次為閎夭、散宜生、泰顛、南宮括等。晉胥臣云：「文王孝友二虢。」（晉語四）蔡邕郭有道碑謂：「王季之穆，有虢叔者，實有懿德，文王咨焉。」（文選卷十二）則虢叔必當時優秀之賢材也。周公以叔父而師之，實為當然之事。至於庶秀其人，已無可考。意周公於虢叔、庶秀外，其賴於家庭父兄之薰陶者，亦當不少。孟子引公明儀之言：「文王我師也，周公豈欺我哉！」（滕文公上）其言果信，可證周公之受其父之感化而勇往奮進者為何如矣。

當時所謂學問，必不止於讀書習文而已，多實地的為智德上之研修，以發揮其本質之美者。與後世之所謂學問，聊異其趣。然亦未嘗不可自其賦詩作文以推察其所學也。抑自周公之著作而研究其學術及思想，則根本不可不先確定其著作之真偽。今就於詩、書一考周公之著作，則尚書為史官記錄，無出周公親筆者。詩則古來稱為周公之作者不少，今擇其有據於秦、漢以上之書者如左：

鴟鴞（豳風）

尚書金縢：「周公居東二年，則罪人斯得。于後，公乃為詩以貽王，名之曰鴟鴞。」序：「鴟鴞，周公救亂也。成王未知周公之志，公乃為詩以遺王，名之曰鴟鴞焉。」其為周公作無疑。

文王（大雅）

呂氏春秋：「周文王處岐，諸侯去殷三淫而翼文王。散宜生曰：『殷可伐也。』文王弗許。周公旦乃作詩曰：『文王在上，於昭于天。周雖舊邦，其命維新。』以繩文王之德。」（古樂）周公作此詩，蓋在武王滅殷之後，感於往事而作耳。故漢翼奉上疏云：「周至成王，有上賢之材，因文、武之業，以周、召爲輔。有司各敬其事，在位莫非其人。天下甫二世耳。然周公猶作詩、書，深戒成王，以恐失天下。書則曰：『王毋若殷王紂。』其詩則曰：『殷之未喪師，克配上帝，宜監于殷，駿命不易。』」（漢書翼奉傳）則其爲周公作殆亦無疑。荀慈明曰：「公旦文王之詩，不論堯、舜之德，而頌文、武者，親親之義也。」（世說新語卷二）此一證。

清廟（周頌）

劉向封事云：「文王既沒，周公思慕，歌詠文王之德。其詩曰：『於穆清廟，肅雝顯相。濟濟多士，秉文之德。』」（漢書楚元王傳第六）王褒四子講德論亦云：「昔周公詠文王之德而作清廟，建爲頌首。」（文選卷十一）清廟既周公作，其次維天之命、維清二篇，文意殆相續。季本云：「今考清廟一節，但言助祭者之肅雝，而尚未詳文王之德，必合維天之命二節言之，而後見其德之純。」（詩說解頤卷二十六）合清廟與維天之命、維清爲一篇。何楷從之，且曰：「試觀首章言『於穆』，而次章亦言『於穆』。首章言『不顯』，而次章亦言『不顯』。首章言『秉文之德，對越在天』，而次章即以『維天之命』與『文王之德』並言。又首章言『清廟』，而三章亦曰『維清』。其前後呼應，井然可數，此非同爲一篇而何？（詩經世本古義女部清廟）其說頗似有理。雖以三篇爲一篇，或不盡合。然三篇之詩既有關連，則如毛詩補傳所云：「清廟之宗祀於文王，周公之特制，則清廟之詩，周公之所作。與維天之命、維清三篇相連，則亦同時之作，其出於一手，可類推矣」云云，以謂皆周公之作，蓋非無謂矣。

時邁（同上）

國語載祭公、謀父諫周穆王之言曰：「周文公之頌曰：『載戢干戈，載櫜弓矢，我求懿德，肆于時夏。』」（周語上）史記周本紀從之。左傳有「武王克商，作頌曰『載戢干戈』」云云（宣十二年），陸平湖本其說，謂國語以爲周文公之頌，或公潤色此詩，以爲後世巡守告祭所用，故內外傳異說。（毛詩訂詁八）然左傳之言，亦非謂武王自作頌也，特謂頌作在其時耳。內外傳不妨爲同說也。

思文（同上）

毛詩孔疏：「國語云：周文公之爲頌曰：『思文后稷，克配彼天。』是此篇周公所自歌，與時邁同也。」然今本國語（周語上）有「頌曰」而無「周文公」字，天聖明道本國語及黃應烈札記亦無說。惟韋昭注：「周公思有文德者后稷」云云，則今本蓋脫之。孔穎達所據，蓋完本也。

武（同上）

莊子：「武王、周公作武。」（天下）呂氏春秋云：「武王即位，以六師伐殷。六師未至，以銳兵克之於牧野。歸，乃薦俘馘于京太室。乃命周公爲作大武。」（古樂）則周公之作武，由武王之命也。觀此，則前舉之武王作頌，亦同例矣。漢書禮樂志：「武王作武，周公作勺。」以武王、周公分別言之，轉遠事實矣。

酌（同上）

春秋繁露：「周公輔成王，受命作官邑於洛陽，成文、武之制，作汋樂以奉天。」（三代改制質文）漢書：「周公作勺。勺言能勺先祖之道也。」（禮樂志通風俗通聲音篇亦同。）白虎通：「周公曰酌者，言周公輔成王，能斟酌文、武之道而成之也。」（禮樂）勺、汋、酌皆異文通用。

周頌武與酌，乃周公所作，漢前之說既如此。於是何楷本都敬之說，據樂記與左傳，與武、酌之外，合賚、般、時邁、桓諸篇，爲武樂之六成。其後魏源及仁井田好古又略加以修正，而採用其說，蓋非無見。請試舉其概略。

樂記論大武之樂曰：

> 夫樂者，象成者也。總干而山立，武王之事也。發揚蹈厲，太公之志也。武亂皆坐，周、召之治也。且夫武，始而北出，再成而滅商，三成而南，四成而南國是疆，五成而分周公左，召公右，六成復綴，以崇天子。夾振之而駟伐，盛威於中國也。分夾而進，事蚤濟也。久立於綴，以待諸侯之至也。

樂曲一終爲一成，而武則爲六成之樂。左傳又有楚莊王論武之言曰：

武王克商（中略）又作武。其卒章曰：「耆定爾功。」其三曰：「鋪時繹思，我徂維求定。」其六曰：「綏萬邦，屢豐年。」（宣十二年）

據右舉二條，以求周頌之詩，則一成者武也，二成酌也，三成賚，四成般，而六成則桓也。獨五成何楷以時邁當之，而左傳則以時邁在武之外，故毛詩補傳易之以執競，然執競乃昭王以後詩，亦不當，寧不如魏源以爲亡失之說爲勝，故今姑除之。

一成　於皇武王，無競維烈。允文文王，克開厥後。嗣武受之，勝殷遏劉，耆定爾功。（武）

楚莊王引「耆定爾功」句謂之卒章，孔疏云：「言卒章者，謂終章之句也。」

二成　於鑠王師，遵養時晦，時純熙矣，是用大介。我龍受之。蹻蹻王之造，載用有嗣。實維爾公允師。（酌）

白虎通：「周公曰酌者，言周公輔成王，能斟酌文、武之道而成之也。武王曰象者，象太平而作樂，示已太平也。合曰大武者，天下始樂周之征伐行武。」（禮樂）禮記明堂位：「下管象。」鄭注：「象謂周頌武也。」則大武之樂含酌與武矣。

三成　文王既勤止，我應受之。敷時繹思，我徂維求定，時周之命。於繹思。（賚）

楚莊王引「鋪時繹思，我徂維求定」之句，而謂「其三曰」，是爲三成無疑。其詩言武王既南還，行封爵也。

四成　於皇時周，陟其高山，嶞山喬嶽，允猶翕河。敷天之下，裒時之對，時周之命。（般）

樂記「南國是疆」，謂巡狩於南方而處分諸侯也。書序：「成王既踐奄，將遷其君於蒲姑。」魏源、馬國翰等釋踐奄爲行巡狩之事。奄在東方，武王滅殷自南還，巡狩黃河以南之地，故曰南國是疆。

五成　詩闕

樂記「分周公左、召公右,」爲成王時事,既如前述。蓋武樂加入成王之事,所以定武王之功也。

六成　綏萬邦,婁豐年,天命匪解。
桓桓武王,保有厥士,于以四方,克定厥家。
於昭于天,皇以閒之。(桓)

楚莊王引「綏萬邦,屢豐年」之句,而稱「其六曰」,明爲六成也。四成、五成雖有成王之事,而其末復以武王事爲結,故樂記謂「復綴以崇天子」,天子即武王也。

大武之樂如右,其初雖以武王之命而作,其成則在成王時矣。武、酌二詩既爲周公之作,謂其他四篇亦同爲周公作,必非不合理之說也。五成之詩,今雖不可考,如賚、般、桓諸詩,則皆無可疑者。

周公之作,其有信據者如右。其他古來相傳爲周公之作,今仔細考之,有不必然者。豳風七月、小雅常棣之類是也。七月篇序謂:「周公遭變,故陳后稷先公風化之所由,致王業之艱難也。」此說殆如定論。然至金履祥、何楷、崔述、魏源等,皆以豳爲舊詩周本紀云:

大王去豳，止於岐下。豳人舉國扶老攜弱，盡復歸古公於岐下。及他旁國，聞古公仁，亦多歸之。於是古公乃貶戎狄之俗，而營築城郭宮室，而邑別居之。作五官有司。民皆歌樂之頌其德。

金履祥云：

詳七月之詩，上至天文氣候，下至草木昆蟲，其聲音名物，圖書所不能及。安有去七百歲而言情狀物如此之詳，若身親見之者。又其末無一語為追述之意。吾是以知其決為豳之舊詩也。（訂詁三）

崔述云：

鴟鴞以下六篇，皆周公時所作。此篇（七月）若又出於周公，則是七篇皆與豳無涉，何以名之為豳？（中略）且玩此詩，醇古樸茂，與成、康時皆不類。竊嘗譬之，讀大雅如登廊廟之上，貂蟬滿座，進退秩如，煌煌乎大觀也。讀七月，如入桃源之中，衣冠樸古，天眞爛熳，熙熙乎太

古也。然則此詩當為大王以前豳之舊詩，蓋周公述之以戒成王，而後世因誤為周公所作耳。（豐鎬考信錄卷四）

似頗有理。惟謂其係夏代之詩，不如周本紀「民皆歌樂之，頌其德」云云，以爲太王時作之可信也。或疑周室興起以前，岐山爲西北僻邑，似不能有此文化之程度。則姑據竹書紀年考之，大王遷岐，爲殷武乙元年，先周武王即位百十年，而太王遷岐二十一年而薨。此其年數雖不盡確，然略當近是。自武王即位以前百年內外，非有此文化之程度，亦不能見文、武時代之隆盛。是篇蓋在太王時嘗目擊豳之情狀，其後移位岐周而作，非周公作品也。

常棣之詩爲召穆公作，左傳富辰諫周襄王之言曰：「召穆公思周德之不類，故糾合宗族于成周，而作詩曰：『棣常之華，鄂不韡韡。』」（僖二十四年）是也。然國語同述富辰之言，又以謂周公作，其言曰：「周文公之詩曰：『兄弟鬩于牆，外禦其侮。』」（周語中）韋注云：

召穆公思周德之不類，而合其宗族於成周，復修作常棣之歌以親之。鄭、唐二君以為常棣穆公所作，失之矣。唯賈君得之。

毛詩孔疏云：

此詩自是成王之時，周公所作以親兄弟也。但召穆公見厲王之時兄弟恩疏，重歌此周公所作之詩以親之耳。

兩說相同。今玩其詩，周公誠爲處非常之變，不得已而殺己之兄弟，乃述兄弟之當親，以期喚醒世人；則其詩中於己之不得全其同氣之愛之憾，自應痛切陳之。今乃不然，其曰「原隰裒矣，兄弟求矣」，又曰「兄弟急難」、「兄弟鬩於牆，外禦其侮」，措己事於度外，徒對人以友於兄弟相勸告，實爲可疑，此詩恐非周公之所作也。若從左傳之爲召穆公作，則無礙矣。陳喬樅魯詩遺說考謂魯詩亦以常棣爲刺詩，與左傳同。則古來多有取其說者，今亦不以爲周公作。

以上所述，漢以前以爲周公作者，有鴟鴞、文王、清廟、時邁、思文、武、酌七篇。更自此推求，其可認爲周公作者，有維天之命、維清、賚、般、桓五篇。此爲考論周公之學術思想所決不可缺也。且不止此，如鴟鴞之懇到剴切，文王之雄大嚴正，頌詩之莊重簡鍊，均鬱勃有興國之氣象。而文王一詩，首尾相啣，層層相受，既醉、下武諸篇亦同，於作詩上開蟬聯一法，其文藻亦爲後世模楷。其爲一代文運先驅誠宜矣。

記周公之言行最可信據者，無如尚書。今就尚書檢之，金縢、大誥、康誥、召誥、洛誥、多士、無逸、君奭、立政、多方十篇，皆記周公言行。又序謂歸禾、嘉禾、將蒲姑、亳姑四篇，亦記周公事，今其書已佚，不可考。凡此諸篇，意非周公親筆。序謂「周公作金縢」、「周公作君奭」云云，恐不可信，要其爲研究周公之材料，則殆可與親筆無擇也。

書籍之古來稱爲周公著作者，有周官、儀禮、爾雅。周官、儀禮非周公作，當別論，今不具。爾雅者，魏張揖進廣雅表有云：「昔在周公，纘述唐、虞，宗翼文、武，剋定四海，勤相成王。六年制禮以導天下，著爾雅一篇，以釋其義。」陸德明本之，以釋詁一篇爲周公作，以下爲仲尼、子夏、叔孫通、梁文等所增補。然其說實不足信，可不詳論。

詩書之外，與周公關係最切者有逸周書。逸周書中記周公言行者，有酆保、柔武、大開武、小開武、寶典、酆謀、寤儆、克殷、大聚、度邑、五儆、五權、成開、作雒、皇門、大戒、明堂、本典、官八、王會凡二十篇。稱爲周公之作者，有周月、月令、謚法三篇。要自酆保以下諸篇，純駁不一，不可盡信。明郭棐以逸周書爲周之野史，其說誠然。前舉中如度邑、作雒、皇門三篇，文辭大奧，或爲西周史官之遺編。昔人或以王會篇爲奇古，然如穢人、良夷、高夷諸目，孔晁注：「穢人，韓穢。良夷，樂夷。高夷，高句驪也。」果然，則非甚古矣。

周月有雨水、春分、穀雨、小滿、夏至、大暑、處暑、秋分、霜降、小雪、冬至、大寒等，皆後世之名稱，其非周公作，可勿詳論。月令其文已佚，盧文弨自呂氏春秋補之。陳逢衡則曰：

月令全文，載在呂氏，又載小戴篇中。其中有無潤色損益不可知。恐未必即周書月令之舊，故

仍從舊闕。（補注卷十五）

較爲穩當。逸周書謚法解開首有云：

> 維周公旦、太公望，開嗣王業，建功于牧之野。終，將葬，乃制謚，遂敘謚法。

則當周公時，尚未定此制也。且謚法中有「仁義所在曰王」云云，亦非周初之言。又云：「譖訴不行曰明。」蓋本論語：「浸潤之譖，膚受之愬，不行焉，可謂明也已矣！」（顏淵）周初謚法尚未普行，其後乃由漸而起，則崔述既論之，其言曰：

> 周既制此謚法，必先分別夫應謚之人，或通行於諸侯，或兼行於卿大夫。乃今以史考之，衞康叔之後，五世無謚。齊太公、宋微子、蔡叔度、曹叔振鐸皆四世無謚。太公以佐命之臣、始封之君，而竟無謚。周公子伯禽亦無謚。晉唐叔、子燮，父子皆無謚。周果制為謚法，何以諸國之君皆無謚乎？蓋謚法非周之所制，乃由漸而起者。上古人情質樸，有名而已。其後漸尚文，而有號焉。至湯撥亂反治，子孫追稱之為「武王」，而謚於是乎始。然而子孫卿士，未有敢擬之者。周之二王，謚為文、武，蓋亦仿諸商制。以成王之靖四方也，故亦謚之曰「成」。而康

王以後，遂倣而行之。猶之乎商有三宗，西漢亦有三宗，至後漢而宗始多，及唐、宋而遂無帝不宗也。周公有大功於天下，故其沒也，成王特賜之謚。召公歷相三朝，康王遂倣周公之例，而亦謚之。然皆以為特典，非以為常制也。是以成、康、昭、穆之代，諸侯謚者寥寥。數世之後，俗彌尚文，遂無不謚者。然卿大夫尚未敢擬也。至周東遷以後，而卿大夫始漸有謚。嘗以春秋傳考之，晉自文公以前，惟欒共叔有謚。（國語有韓定伯。）狐偃、先軫有佐霸之功，而謚皆無聞。至襄公世，趙衰、欒枝始有謚，而先且居、胥臣之屬，仍以字稱，則是亦以為特典也。成、景以後，卿始以謚為常。先穀三郤以罪誅，乃無謚。降於平、頃，則雖欒盈之以作亂死，荀寅、士吉射之失位出奔，而靡不謚矣。魯大夫有謚者，較他國為獨多。然桓、莊以前，卿尚多無謚者。昭、定之間，則榮駕鵝、南宮說、子服、公父之倫，下大夫靡不謚者。鄭大夫初皆無謚。至春秋之末，子思、子賸亦有謚。惟宋大夫始終無謚。果周所定一代之制，何以先後不齊，彼此互異若是。然則謚之由漸而起，彰彰明矣。（豐鎬考信別錄卷三）

其說極明瞭，謚法非周公之制作，可斷然矣。

然意古來稱周公之制作者，雖不必成於周公之手，然自周公以後之影響而產出者或不尠。是等皆周公學術之支流餘裔，研究周公者，不可不併加參考也。左傳晉韓宣適魯：

見易、象與魯春秋，曰：「周禮盡在魯矣。吾乃今知周公之德與周之所以王也。」（昭二年）

杜預經傳集解乃謂發凡、言例皆周公之舊制；然韓宣子之言，不過見古代文物之保存而頌周公之遺澤，杜預之說誤也。陸淳、柳宗元等嘗辨之，其爲附會之說可不復論。

《錢穆先生全集》總書目

甲編

國學概論
四書釋義
論語文解
論語新解
孔子與論語
孔子傳
先秦諸子繫年
墨子　惠施公孫龍
莊子纂箋
莊老通辨
兩漢經學今古文平議
宋明理學概述
宋代理學三書隨劄
陽明學述要
朱子新學案（全五册）
中國近三百年學術史（一、二）
中國學術思想史論叢（全十册）
中國思想史
中國思想通俗講話
學籥
中國學術通義
現代中國學術論衡

乙編

周公
秦漢史
國史大綱（上、下）
中國文化史導論

中國歷史精神
國史新論
中國歷代政治得失
中國歷史研究法
中國史學發微
讀史隨劄
中國史學名著
史記地名考（上、下）
古史地理論叢

丙編

文化學大義
民族與文化
中華文化十二講
中國文化精神
湖上閒思錄
人生十論
政學私言

從中國歷史來看中國民族性及中國文化
文化與教育
歷史與文化論叢
世界局勢與中國文化
中國文化叢談
中國文學論叢
理學六家詩鈔
靈魂與心
雙溪獨語
晚學盲言（上、下）
新亞遺鐸
八十憶雙親師友雜憶合刊
講堂遺錄（一、二）
素書樓餘瀋
總目